浙江省教育厅科研项目资助（项目编号：Y202455217）

中华优秀传统文化的传承研究

常国军 著

中国纺织出版社有限公司

内 容 提 要

本书旨在探讨中华优秀传统文化的历史脉络、文化内涵及其在当代社会的传承和发展。本书通过对传统文化的理论阐释，分析其逻辑展开及社会功能，并深入探讨中华优秀传统文化在现代社会中的传承经验。希望通过本书的研究，能够为读者提供全面、系统的文化知识，激发对中华优秀传统文化的兴趣和思考，为中华文化的传承与创新贡献力量。

图书在版编目（CIP）数据

中华优秀传统文化的传承研究 / 常国军著． -- 北京：中国纺织出版社有限公司，2025.4. -- ISBN 978-7-5229-2807-4

Ⅰ．K203

中国国家版本馆CIP数据核字第2025UK9656号

责任编辑：史 岩　　责任校对：寇晨晨　　责任印制：储志伟

中国纺织出版社有限公司出版发行
地址：北京市朝阳区百子湾东里A407号楼　邮政编码：100124
销售电话：010—67004422　传真：010—87155801
http://www.c-textilep.com
中国纺织出版社天猫旗舰店
官方微博 http://weibo.com/2119887771
河北延风印务有限公司印刷　各地新华书店经销
2025年4月第1版第1次印刷
开本：710×1000　1/16　印张：9.5
字数：150千字　定价：99.90元

凡购本书，如有缺页、倒页、脱页，由本社图书营销中心调换

前 言

泱泱华夏,历经五千年风雨,积淀出一部源远流长的文化史诗。自夏商西周至春秋战国,诸子百家争鸣;自汉唐盛世至宋元明清,文艺繁荣发展。中华民族在历史长河中不断书写着独特的文化篇章,这些文化瑰宝不仅包括口耳相传的民间故事和千古流传的经典著作,还涵盖了精湛绝伦的工艺技术和深邃博大的哲学思想,共同构成了中华优秀传统文化的丰富内涵和深厚底蕴。

在中华优秀传统文化中,天人合一的哲学思想尤为深入人心。它倡导人与自然和谐共生,强调人类应当尊重自然、顺应自然,以达到人与自然和谐共处的理想境界。这一思想不仅深刻影响了中国人民的生活方式和价值观念,也推动了中国古代天文学、地理学等科学的发展。

中华民族自古以来崇尚刚健自强的民族精神,这种精神在中华优秀传统文化中得到了充分体现。无论是儒家提倡的"天行健,君子以自强不息",还是道家追求的"无为而治",都传达了中华民族面对困难和挑战时坚韧不拔、自强不息的精神品质。这种精神激励了一代又一代中华儿女在逆境中奋发向前,为民族的发展和繁荣做出了巨大贡献。

中华优秀传统文化中还蕴含着丰富的人文精神,如仁者爱人、以民为本、诚信宽容、天下为公、居安思危等理念。这些理念构成了中华民族的核心价值观和行为准则,为中华民族的道德建设提供了丰富的思想资源,也为人类社会的和谐发展提供了宝贵的智慧。在这些思想的熏陶下,中华民族形成了朴实、敦厚的良风美俗，注重礼仪、尊重他人、讲究诚信、倡导节约，这些传统美德为社会的和谐稳定提供了坚实的基础。

总之，中华优秀传统文化是中华民族的宝贵财富，是中华民族生命力、凝聚力和创造力的重要源泉。在新时代的背景下，我们有责任继续传承和弘扬中华优秀传统文化，使其在现代社会焕发出新的生机和活力，为中华民族的伟大复兴和人类文明的发展做出新的贡献。同时，也要积极推动中华优秀传统文化的创造性转化和创新性发展，使其更好地适应时代的需求，为人类社会的进步贡献中国智慧和中国方案。

本书旨在探讨中华优秀传统文化的历史脉络、文化内涵及其在当代社会的传承和发展。本书通过对传统文化的理论阐释，分析其逻辑展开及社会功能，并深入探讨中华优秀传统文化在现代社会面临的挑战与传承经验。希望通过本书，为读者提供全面、系统的文化知识，激发对中华优秀传统文化的兴趣和思考，为中华文化的传承与创新贡献力量。

愿本书能够成为广大读者了解中华优秀传统文化的一扇窗，帮助大家更好地理解和珍视我们的文化遗产，共同为中华优秀传统文化的传承发展而努力。

常国军

2024 年 10 月

目 录

第一章 导论 / 001

  第一节 研究背景 / 001
  第二节 研究意义 / 002
  第三节 研究目的 / 007
  第四节 研究价值 / 009
  第五节 国内外研究现状 / 011

第二章 传统到现代：文化的理论阐释 / 025

  第一节 文化的一般和本质阐释 / 025
  第二节 传统与现代的互动：文化生命的延续 / 056

第三章 内涵与价值：中华优秀传统文化的逻辑理路与社会功能 / 081

  第一节 中华优秀传统文化的逻辑展开 / 081
  第二节 中华优秀传统文化的社会功能 / 088

第四章　困境与挑战：中华优秀传统文化的当代传承 / 101

　　第一节　中华优秀传统文化的当代传承困境 / 101

　　第二节　西方文化对中华优秀传统文化的冲击 / 104

第五章　借鉴与探索：中华优秀传统文化的传承经验与路径建构 / 113

　　第一节　国内传承优秀传统文化的有效借鉴 / 113

　　第二节　中华优秀传统文化当代传承方式的建构 / 118

参考文献 / 139

后　记 / 143

第一章 导论

◉ 第一节 研究背景

中华优秀传统文化，源远流长，底蕴深厚，是中华民族的瑰宝，也是全人类的共同财富。在历史的长河中，它经历了数千年的沉淀与积累，形成了丰富多样的文化形态和独特的精神内涵。然而，随着时代的变迁，尤其是近现代以来，中华优秀传统文化面临着前所未有的挑战，甚至陷入了彷徨的困境。

彷徨，首先表现在文化认同感的削弱。特别是清晚期，中国历经列强入侵、民族危亡的深重灾难，国家积贫积弱，民众生活在水深火热之中。在这样的背景下，中国的传统文化受到了极大的冲击，许多优秀的文化传统和价值观被质疑、否定，甚至被误解为国家落后的根源。

其次，彷徨还表现在文化传承的断裂。由于战乱频仍、社会动荡，许多传统文化形态和技艺失传，文化传承面临断裂的局面。例如，许多传统手工艺、民间艺术、曲艺等，都面临着后继无人的困境。此外，随着现代科技的发展，一些传统文化形式逐渐被边缘化，甚至淘汰。这些都使中华优秀传统文化的传承和发展受到了极大的挑战。

正是在这种彷徨和困境中，我们更应该深刻认识到中华优秀传统文化的价值，努力推动其传承和发展。事实上，中华优秀传统文化不仅是中华民族的精神支柱，也是我们走向未来的力量源泉。它蕴含着丰富的人生智慧、道德观念和价值理念，对于塑造民族精神、培育道德观念、提高文化素养等方面，都具有重要的意义。

当代传承，首先要加强文化自信。要充分肯定中华优秀传统文化的价值，坚定文化自信，树立正确的文化观念。同时，要加强对传统文化的学习和研究，深入了解其内涵和精髓，使其真正成为民族的精神支柱。

其次，要加强文化传承。通过多种途径和方式，如教育、媒体、民间活动等，加强对中华传统文化的传承和传播。特别是要注重培养年轻一代对传统文化的兴趣和热爱，使他们成为文化传承的中坚力量。

最后，要加强文化创新。在传承的基础上，要勇于创新，将传统文化与现代生活相结合，使之焕发出新的生机和活力。例如，可以将传统文化元素融入现代设计、现代艺术等领域，使之更具时代感和吸引力。

总之，中华优秀传统文化是民族的宝贵财富，也是走向未来的力量源泉。面对时代的彷徨和困境，要坚定文化自信，加强文化传承和创新，努力推动中华优秀传统文化的传承和发展。只有这样，才能更好地弘扬民族精神，培育道德观念，提高文化素养，为中华民族的伟大复兴提供强大的精神支撑。

◎ 第二节　研究意义

一、理论意义

对传统文化进行创造性转化和创新性传承，是新时代我国文化建设的重要任务，对于挖掘中华民族文化精神宝库，实现社会主义文化大繁荣大发展，解决世界性的精神危机具有重要的理论价值和实践意义。传统文化是一个民族的精神家园，它承载着民族的历史记忆、智慧成果和独特精神。中华民族五千多年的文明史，为我们留下了丰富的文化遗产，这是宝贵的民族财富。在新时代，要对传统文化进行创造性转化和创新性传承，挖掘其内在价值和时代意义，使之成为民族精神的重要支撑。传统文化的创造性转化和创新性传承，对于维系中华民族的共同精神纽带至关重要。传统文化不仅是民族团结和认同的重要基础，更是民族凝聚力的源泉。在新时代背景下，通过创造性转化和创新性传承，可以强化民族文化认同，增强民族凝聚力，促进各民族团结奋斗、共同繁荣发展。

此外，传统文化的创造性转化和创新性传承，有助于实现社会主义文化的繁荣和发展。传统文化作为社会主义文化的重要组成部分，是文化自信的重要来源。通过创造性转化和创新性传承，能够推动传统文化与现代文化的融合，激发文化创新的活力，促进社会主义文化的繁荣。

全面实现中国的现代化转型，离不开传统文化的支持。传统文化中蕴含的智慧和方法论，对于解决现代化进程中的各种问题有重要的启示和借鉴作用。通过创造性转化和创新性传承，发挥传统文化的优势，可以为现代化转型提供有力的文化支撑。

在全球化背景下，世界性的精神文化危机日益凸显，人们对精神生活的需求愈发迫切。中华优秀传统文化作为人类文明的重要组成部分，为解决世界性的精神文化危机提供了独特的视角和智慧。通过创造性转化和创新性传承，推动中华优秀传统文化走向世界，为人类文明发展做出更大贡献。

总之，传统文化的创造性转化和创新性传承，是新时代我国文化建设的重要任务，具有重大的理论价值和实践意义。我们要坚定文化自信，推动中华优秀传统文化的创造性转化和创新性发展，为实现中华民族伟大复兴的中国梦提供强大的文化力量。

中华优秀传统文化是中华民族的瑰宝，是在几千年历史发展过程中形成的独特文化。为了更好地传承和发扬这一宝贵遗产，我们需要全面而准确地认识和理解它。全面认识中华优秀传统文化，意味着要深入挖掘和阐释其中的思想精髓，汲取智慧，使之成为现代化建设的有力支撑。我们需要重新系统地审视中华传统文化，了解其历史渊源、发展脉络和基本走向，明确中华传统文化的独特智慧、价值理念和鲜明特色。这将有助于增强我们的文化自信和价值观自信，为实现中华传统文化的繁荣发展奠定坚实基础。

中华传统文化经过五千多年的演变，融合了多种文化元素，形成了丰富多样的文化形态。无论是在价值观念、精神思想、典章制度、道德伦理、民俗礼仪、语言文字还是科学技术等方面，都有其独特的表现。面对复杂多样的传统文化，我们需要站在社会主义现代化建设的背景下，以科学的态度对待传统文化。按照"去粗取精、去伪存真、会通古今、推陈出新"的原则，对中华传统文化进行整理和选择，加强对中华传统文化思想价值的发掘和解释。

在传承中华优秀传统文化的过程中，要维护民族文化的基本元素，引导人们全面、客观地认识中华优秀传统文化。要发挥传统文化在振奋民族精神、丰富思想观念、有效价值引导、加强国家治理、规范社会行为和建设公民社会等方面的作用，不断提升对中华优秀传统文化的传承意识和对文化大国地位的自信。只有讲清楚、梳理好中华文化的"主根"，才能找到民族精神的"文化源泉"，使之成为中华民族不断发展壮大的强大动力。

在阐释和传承中华优秀传统文化的过程中，应进一步推动优秀传统文化与现代社会的市场经济、民主政治、理性思维、国家治理、公民伦理等相结合、相适应。从已有的文化基础出发，广泛吸收，廓清历史文化发展脉络，认真挖掘和提炼优秀传统文化的有益思想价值，充分认识优秀传统文化的现代价值。

要致力于维护、开发和壮大中华民族的优秀文化内涵，推进优秀传统文化的当代传承，使之与当代社会相适应。在此基础上，实现对传统文化的创造性转化和创新性发展。创造性转化，就是要按照时代特点和要求，对那些仍有借鉴价值的内涵和陈旧的表现形式进行改造，赋予其新的时代内涵和现代表达，激活其生命力。创新性发展，就是要根据时代的新进步、新发展，对中华优秀传统文化的内涵进行补充、拓展和完善，增强其影响力和感召力。

通过这种方式，有助于繁荣社会主义先进文化，提高中华民族的文化自信，振奋民族精神。这将有助于在新的时代背景下，更好地传承和发展中华优秀传统文化，为中华民族的伟大复兴提供强大的精神动力和文化支撑。

二、实践意义

科学地弘扬中华优秀传统文化是巩固中华民族在世界民族之林中屹立的重要精神基础。中华文化作为世界上最古老且持续发展的文明之一，历史悠久，底蕴深厚，包含了丰富的民族精神、人文思想、价值观念、制度和社会习俗。这些文化元素代表着中华民族独特的基因和血脉，体现了中华儿女的价值追求和精神理想。经过几千年的传承与发展，这些优秀的传统文化已经深深融入中华民族的血液，成为维系中华儿女的精神纽带，成为中华民族不懈奋斗的动力，支撑着中华文明的延续。传承中华优秀传统文化，对于在全社会营造传统文化氛围、提高民众对传统文化的认知、增强文化自觉与文化自信，都具有重要意义。也为进一步强化民族文化基因，让优秀传统文化在每一位中华儿女心中留下深刻印记，为实现中国梦提供源源不断的精神滋养。在实现中华民族伟大复兴的道路上，中华优秀传统文化正是这一梦想的精神动力与基础。因此，我们肩负着传承的责任，要以高度的历史责任感和使命感，坚定不移地传承优秀传统文化。在传承过程中，要不断延续民族精神生命力，激发民族创造力，凝聚民族思想，为民族强盛提供强大力量。

这样，才能为中华民族在世界民族之林中屹立提供坚实的精神基础和力量源泉。

加强对中华优秀传统文化的传承研究，对提升国家软实力和树立中国形象具有深远意义。文化作为一种强大的精神和思想力量，对每个人的内心世界都能产生巨大的冲击力和感染力，是一种以弱胜强的软实力。优秀传统文化并非静止不变，而是一股充满生命力的洪流，蕴含着丰富的正面形象和积极元素。从儒家的仁爱忠恕、孝悌之道，到道家的无为而治，再到屈原的爱国精神等，中华传统文化的精神价值多元且和谐，充分展示了中华文化的独特魅力。当中华文化以开放的姿态面向世界时，中华文明的风采才能真正展示在全球面前。这将帮助世界更好地了解和认识中国，提升中国在国际舞台上的影响力和地位。同时，通过传承和弘扬优秀传统文化，还能为解决当今世界面临的诸多问题提供中国智慧和中国方案，为构建人类命运共同体做出积极贡献。总之，加强对中华优秀传统文化的传承研究，发掘其正面形象和积极元素，对提升国家软实力和展示中国形象具有深远意义。

中华优秀传统文化为解决制约人类发展的困境提供了丰富的思想资源。在西方现代文明的推动下，现代科学技术与市场经济的紧密结合催生了现代工业文明，在短短的几百年内，工业文明创造了前所未有的物质和精神财富。随着现代工业文明的深入发展和全球化扩展，西方现代科学与理性、民主与自由为核心的文化价值观逐渐遍布全球，成为许多民族和国家追求的目标。尽管物质财富不断增加，科技飞速进步，人类的追求并未因此停滞，反而愈发强烈。这种科技和财富的发展并未解决人类的所有困惑，反而让人们愈加受到技术和物质的困扰，精神世界逐渐被异化，社会变得冷漠，人的个性逐渐物化。在这样一个物化的世界中，人类逐渐迷失了自我，孤独、焦虑、无助和疲惫感充斥着人们的内心。

面对这一困境，西方学者开始将目光投向中国，希望从中华传统文化及其现代化中寻找解决工业文明技术理性带来的一系列弊端的办法。中华优秀传统文化中蕴含着浓厚的人文关怀，体现了对天人关系和人际伦理的深刻思考，包含着"天地万物为一体"的生命意识和宇宙情怀，刚健自强和积极进取的人生态度，宽厚仁爱的道德追求及内圣外王的君子人格。这些中华传统文化元素为现代社会提供了一种全新的视角和解决方案。

正如罗素在 20 世纪 30 年代所说，现代社会最需要的就是中国文化中优秀的道德伦理品质。如果世界各国和民族能够吸收中国的和合观念，那么展现在面前的将是一个更加美好的世界。因此，现代社会的发展急需中华优秀传统文化的滋养，特别是其中的社会道德与伦理观念。这些传统文化观念不仅能够为个人提供精神寄托和道德指引，也能够为社会提供和谐稳定的基石，为人类的发展提供更加宽广和深厚的思想基础。通过学习和借鉴中华优秀传统文化，可以探索出一条更加符合人类全面发展需求的现代化道路，实现人与自然、人与社会、人与人之间的和谐共生，为构建一个更加美好的未来世界提供中国智慧和中国方案。

第三节 研究目的

本书旨在深入探讨和解决在现代社会中如何正确理解和传承中华优秀传统文化的问题。这一研究目的的重要性在于，中华优秀传统文化作为中华民族几千年的历史积淀，包含了丰富的哲学思想、价值观念、道德规范和艺术表达，对于塑造中华民族的独特精神世界和推动社会进步起到了至关重要的作用。然而，随着时代的变迁和社会的发展，中华优秀传统文化面临着诸多挑战和困境，如何在现代社会中保持其生命力和影响力，成为当下亟待解决的问题。

首先，中华优秀传统文化在现代社会中的彷徨主要体现在对其认知和评价上的偏差和误解。受到西方文化的冲击和影响，一些人开始质疑甚至忽视中华传统文化的价值和意义，认为其落后、保守。这种偏见导致了传统文化的边缘化和衰弱，使许多人对中华传统文化的了解和认同程度较低，缺乏文化自信和自豪感。因此，研究中华优秀传统文化时需要从历史和现实的角度重新审视其价值和意义，纠正误解，提高人们的认知和认同，增强文化自信。

其次，中华优秀传统文化在当代传承中面临一系列挑战。随着科技的发展和生活方式的改变，传统文化的传承方式和受众群体发生了显著变化。传统的口传心授和师徒相授方式逐渐被现代教育体系和媒体传播取代。这种变化使传统文化的传承面临断裂和失真的风险。此外，现代社会的快节奏和功利主义价值观也冲击了传统文化的传承，许多人更关注物质利益和个人发展，缺乏对传统文化的兴趣和耐心。因此，研究中华优秀传统文化的传承问题，需要探索适应现代社会的传承方式和机制，创新传播手段和载体，培养更多传统文化的爱好者和传承者，确保传统文化薪火相传。

最后，研究中华优秀传统文化的当代传承，旨在为解决现代社会中的一系列问题提供借鉴和启示。中华传统文化蕴含着丰富的人生智慧和道德理念，可以为现代社会的人们提供精神追求和道德实践的指引和借鉴。例如，传统文化中的孝道观念可以引导人们关注家庭关系和社会责任，培养良好的家庭道德和社会公德；传统文化中的中庸之道可以引导人们追求平衡和谐的生活方式，避免极端和偏激的行为；传统文化中的修身齐家治国平天下的理念可以引导人们注重个人修养和社会责任，积极参与社会公益事业。通过深入研究中华传统文化的当代传承问题，可以挖掘和传承传统文化中的有益思想，为现代社会中人们的精神成长和社会进步提供借鉴和启示。

综上所述，中华优秀传统文化的传承研究具有重要的理论和实践意义。通过深入研究和解决这一问题，可以纠正对于传统文化的误解和偏见，提高人们对于中华传统文化的认知和认同，同时，通过借鉴和传承传统文化中的有益思想，可以为现代社会中人们的精神追求和道德实践提供指引和启示，促进社会的和谐发展。因此，中华优秀传统文化的传承研究具有重要的时代价值和深远的历史意义。

第四节　研究价值

中华优秀传统文化的传承研究价值在于，它不仅关乎文化自身的传承和发展，更关乎民族精神的延续和社会的和谐稳定。在当前全球化、信息化、多元化的时代背景下，传统文化面临着前所未有的挑战，如何在继承和发扬传统文化的同时，使之与现代社会相适应，成为亟待解决的重要课题。这一研究对于弘扬民族精神、增强民族自信心、促进文化创新、推动社会进步具有重要的理论和实践意义。

首先，研究中华优秀传统文化的当代传承，有助于更好地理解和把握传统文化的精神内核。传统文化是中华民族几千年的历史积淀，包含了丰富的哲学思想、价值观念、道德规范和艺术表达。通过深入研究，可以揭示传统文化的内在价值和意义，为当代社会提供有益的借鉴和启示。同时，这也有助于纠正对传统文化的误解和偏见，提高人们对于中国传统文化的认知和认同，增强文化自信。

其次，研究中华优秀传统文化的当代传承，有助于探索适应现代社会的传承方式和机制。传统文化在现代社会中的传承面临着一系列挑战，如传统的口传心授、师徒相授的传承方式逐渐式微，取而代之的是现代教育体制和媒体传播。如何创新传统文化的传播手段和载体，使之更好地融入现代社会，成为亟待解决的问题。通过研究，可以探索出适应现代社会的传承方式和机制，培养更多的传统文化爱好者和传承者，确保中国传统文化的薪火相传。

再次，研究中华优秀传统文化的传承问题有助于为当代一系列社会问题的解决提供全新的思路和启示。当前我国正处在现代化转型过程中，不可避免地会受到市场经济及西方文化中不良因素的影响，出现了一些新的社会问题，如家庭关系的不和谐，社会责任意识的淡薄，重物质轻精神，见小利而忘大义，极端偏激行为时有发生等。中华传统文化就其本质来说属于伦理型文化，其蕴含的丰富人生哲理和道德理念对于调节人与人、人与世界的关系能够提供巨大的帮助，从而为中国社会的和谐发展及中国式现代化的顺利实现保驾护航。

最后，研究中华优秀传统文化的当代传承，有助于推动文化发展和创新。传统文化是一个民族的精神支柱，是一个国家的文化底蕴。在现代社会中，传统文化需要与时俱进，不断发展和创新。通过研究，可以发现传统文化中的优秀元素，加以创新和发展，使之更好地适应现代社会的需求。同时，这也有助于推动文化产业的发展，提升国家文化软实力，增强国际竞争力。

综上所述，中华优秀传统文化的传承研究价值不容忽视。它不仅关乎文化自身的传承和发展，更关乎国家民族精神的延续和社会的和谐稳定。通过深入研究，可以更好地理解和把握传统文化的精神内核，探索适应现代社会的传承方式和机制，为解决现代社会中存在的一系列问题提供借鉴和启示，推动文化发展和创新。因此，中华优秀传统文化的当代传承研究具有重要理论和实践意义，值得深入探讨和努力实践。

第五节 国内外研究现状

一、国外研究动态分析

西方对中华传统文化的研究早在16世纪中叶就已经开始，当时欧洲的传教士和学者们通过翻译中国的经典文献，向西方介绍了中国的哲学、伦理、法律、艺术、政治、历史、教育、文学等领域的知识。这些经典文献为西方世界打开了一扇了解东方文明的窗口，也为后来的汉学发展奠定了基础。其中，对儒家思想的研究占据了重要地位，儒家经典的翻译和解读成为西方学者探索中华传统文化的重要途径。"二战"后，随着国际形势的变化和学术交流的加强，以美国为主的西方学术界对中华传统文化的研究进入了一个新阶段。这一时期，西方汉学研究者开始运用现代科学的各种技术手段，如统计学、社会学、人类学等方法，来深入分析中华传统文化。研究重点也由单一的思想文化领域逐渐扩展到政治、经济等多个方面。在这一过程中，西方学术界对中华传统文化的研究呈现出一些新的特点和趋向。首先，研究视角更加多元化和跨学科。除传统的文献研究外，西方学者开始从社会学、历史学、哲学、艺术等多个角度对中华传统文化进行综合分析。其次，研究方法更加科学化和系统化。西方学者运用现代科学技术手段，对中华传统文化进行实证研究和数据分析，以期得出更为客观和准确的结论。再次，研究内容更加注重实际应用。西方学者关注中华传统文化在现代社会中的价值和作用，探讨如何将传统文化应用于现实问题的解决。最后，西方学术界对中华传统文化的研究还受到了政治、经济等多方面因素的影响。而在经济全球化的背景下，西方学术界开始关注中华传统文化与现代市场经济的关系，探讨如何借鉴中华传统文化的智慧来解决现代经济生活中的问题。然而，尽管西方学术界对中华传统文化的研究取得了一定的成果，但也存在一些问题和不足之处。例如，西方学者在研究中华传统文化时，往往受到自身文化背景和价值观念的限制，难以完全理解和把握中国文化的精髓。此外，由于语言障碍和文化差异，西方学者在翻译和解读中国经典文献时，也容易出现误解和偏差。因此，为了更好地推动中华传统文化的研究和发展，应该加强中西文化交流和对话，促进西方学者与中国学者的合作与互动。同时，也要提高自身的研究水平，运用现代科学技术手段，深入挖掘和研究中华传统文化的内涵和特点，为中华传统文化的传承和发展做出更大的贡献。

二、国内研究现状

多年来，国内对优秀传统文化的研究硕果累累，相关的文章和著作层出不穷。研究视角和方法各异，百花齐放。有的从文化学角度切入，有的从历史学角度探讨，也有从政治学角度进行分析。研究内容主要集中在传统文化的基本内容和精神、传统文化与现代化的关系及传统文化的当代传承。

1. 传统文化基本内容和精神的梳理

庞朴在《要研究"文化"的三个层次》中指出：文化的物质层面是最表层的；审美意识、价值理念、道德伦理、思想观念等则属于最深层；制度与理论介于两者之间。

刘小枫在《中国文化的特质》中认为，文化有两个层次：一是精神文化，涵盖哲学和艺术所体现的精神意识；二是社会文化，包括某一民族历史中的具体生活方式、行为结构、社会组织、实用技术、行为习惯和礼制宗法等。这两个层次相互关联。

牟钟鉴在《对中国传统文化要进行分类研究》中，将中国传统文化分为五大类：制度文化、礼俗文化、学术文化、科技文化及器物文化，分别代表社会在制度、习惯、学术、信仰、智慧和工艺等方面的发展水平，展现了中华传统文化的独特性。

许抗生在《谈谈我国传统文化中的精华与糟粕问题》中指出，传统文化中有许多思想在当今时代仍可加以改造和吸收：①古代的人道主义思想；②"法不阿贵"的法治思想；③崇尚人与自然和谐的思想；④古代朴素的唯物论与辩证法，以及一切古代的朴素科学思想。

司马云杰在《大道运行论——关于中国大道哲学及其最高精神的研究》中，对传统文化中的"道"进行了深入分析，认为"大道者，所以变化而凝成万物者也。"并提出"道"的精神是中国文化哲学和中华民族的根本精神。当代中国应重建大道哲学，重建中华民族的精神家园，归服中华民族之魂。

李宗桂的《思想家与文化传统》认为：中国古代思想家促成了文化保守、文化变革、文化批判和服务政治四大传统，时代需要新的思想家群体，重建传统。

李宗桂在《中国文化导论》中提出，中国文化包含物质层面、制度层面和思想层面，其中精神思想层面是文化的内核，反映了民族文化的精髓。因此，中国文化本质上是中华民族在长期发展中形成的思想观念、价值理想、社会伦理、国民道德和审美情趣的总和。

杨宪邦在《弘扬中华优秀文化》中指出，中华传统文化的精华包括：刚健有为、自强不息、艰苦奋斗、民为邦本、革故鼎新、仁民爱人、舍生取义、崇尚美德、尊师重教、精忠爱国、实事求是、经世致用和辩证思维等。这些都是中华民族的精神脊梁，新时代的文化建设必须继承和弘扬优秀传统文化。

王东在《中华文明的古代辉煌和未来命运》中提到，中华传统文化不仅仅是封建思想和历史古迹，更包含了中华民族的精神和文化基因，必将成为世界新文明的发源和传承基因。中华优秀传统文化的五大核心理念是：天人合一的宇宙观、仁者爱人的互主体观、阴阳交合的发展观、兼容并包的文化观、义利统一、以和为贵的价值观。

段超认为，中华传统文化可分为三大类：物质文化、精神文化和社会生活文化。物质文化包括服饰、饮食、建筑、交通等；精神文化包括价值观念、伦理道德、典章制度、哲学思想、文学艺术等；社会生活文化包括日常生活、民风民俗、社会实践、行为方式等。中华传统文化既以物化的典章制度、历史文献和文物古迹等形式存在和延续，又以民族精神、思想观念、价值取向、社会伦理、国民道德、历史思维、审美观念、礼仪规范和风俗习惯等形式传承。

2. 传统文化与现代化的关系

中华传统文化如何走向现代化，这一直是学术界热议的话题，各种方案层出不穷。以下是几种具有代表性的观点。

李泽厚提出了"西体中用"的主张。在其著作《试谈中国的智慧》中，他通过阐释中华传统文化，试图寻找一条适合传统文化现代转型的道路。他认为，中华现代化不仅仅是对政治、经济、文化的全面改变，也要保留具有生命力的民族文化。没有后者，前者难以成功；没有前者，后者则成为束缚。

张岱年先生提出了综合创造论。他认为，自16世纪以来，社会上的文化论争虽然派别众多，但大体上可分为四类：国粹主义、全盘西化论、折中派，以及以中华优秀民族文化为主体、吸收西方文化精华进行综合创新的文化观。他主张，广泛吸收世界各民族的文化精华，运用历史唯物主义的方法，去伪存真、去粗取精，通过文化整合和更新，创造一种既具民族特色又符合时代精神的社会主义新文化。

李宗桂在《文化批判与文化重构——中国文化出路探讨》中提到，一个新的文化系统的成熟需要经历一个漫长的过程。面对古今中外的文化争论，有必要树立一种会通古今中西、兼采世界文化之长的文化观，对文化进行创造性转化，以跟上时代前进的步伐，寻找中国文化的发展道路。他主张，在立足现代的同时依托传统，以我为主，兼取众长，熔铸中外，实现传统与现代、中国与外国的辩证统一和双向互动,促进精英文化与大众文化的有机融合,以及科学理性与人文精神的相互渗透。

杨海文在《同情地理解、抽象地继承与综合地创新——略论20世纪护守中华传统人文的方法论智慧》中指出,中华优秀传统文化在20世纪的道路充满坎坷,但也涌现出一批具有担当精神的学者精英。他列举了如陈寅恪和钱穆等代表人物,强调"友"(同情性)是传承中华优秀传统文化的情感基础,"取"(选择性)是理性方式,而"得"(主题性)是综合创新的目标。这一方法论对当代文化建设和传承具有重要意义。

衣俊卿在《文化哲学十五讲》中提出,数千年来的传统文化本质上是一种自在自发的经验性和人情化文化,具有"超稳定结构"。要推动传统文化的现代转型,必须树立以人的全面发展为衡量标准,通过建立理性和人本的新文化精神,对民众进行普遍启蒙,推动民主化、理性化和现代化的生活方式。

3. 优秀传统文化的当代传承

著名学者柯可在《中华优秀传统文化传承体系构建论》中强调了构建中华优秀传统文化传承体系的重要性。他认为,这一体系应以国学为基础,核心是传统文化中民族精神价值观的"国魂"。这种传承体系不仅是文化的再生产,更是整个民族自我发展和提高的途径,是调适社会权利义务的载体,是民族成员文化意识的积累,更是代代相传的民族基因。其他学者也指出,为了创新传承方式,应加强传承保障体系的建设,包括增加经费投入和完善相关制度、法律、法规。在建设传统文化传承体系的过程中,还应充分利用现代科技手段,使优秀传统文化融入日常生活,进一步促进其传播和发展。这种传承方式可以使传统文化在现代社会中焕发出新的生机和活力,更好地传承和发扬优秀传统文化。在构建优秀传统文化传承体系的过程中,应当注重传承内容的创新。传承内容应包括传统文化中的经典著作、传统技艺、传统习俗等,同时要注重挖掘传统文化的时代价值,将传统文化与现代社会相结合，使之成为推动社会进步的重要力量。传承内容的选择和传承，体现了传统文化的价值观念和道德规范，是传统文化传承的重要内容。此外，传承方式的创新也是构建优秀传统文化传承体系的关键。在新时代背景下，要充分利用现代科技手段，如互联网、社交媒体等，拓宽传统文化的传播渠道。同时，结合教育、媒体、文化产业等多种方式，使传统文化传承更加丰富多彩。传承方式可以包括教育传承、媒体传承、文化产业传承等。最后，传承保障体系的建设是构建优秀传统文化传承体系的有力支撑。传承保障体系包括政策保障、制度保障、经费保障等。

王征国在《论建设优秀传统文化传承体系》一文中提出，中华优秀传统文化的传承方式有国民教育、价值优选和兼容并包三种方式。国民教育是指通过学校教育、家庭教育和社会教育等途径，将优秀传统文化融入教育体系，培养国民的文化素养和道德观念。价值优选则是指在传统文化中筛选出具有普遍价值和时代意义的优秀文化成果，进行传承和推广。兼容并包则是指在传承优秀传统文化的同时尊重和包容其他国家和民族的文化，促进文化多样性和文化交流。国民教育是中华优秀传统文化传承的重要途径。通过在学校开设相关课程，让学生学习中国历史、文学、哲学等领域的经典著作，培养他们对传统文化的认知和理解。家庭教育则是通过家庭生活中的言传身教，传承优秀的家庭美德和传统习俗。社会教育则通过各种文化活动和公共教育项目，让国民在参与中感受传统文化的魅力，增强文化认同感。价值优选是中华优秀传统文化传承的核心。传统文化中蕴含着丰富的道德观念和价值理念，如仁爱、诚信、勤奋、公正等。通过对这些价值观进行优选和提炼，将其融入现代社会中，使之成为人们行为规范和道德准则，有助于构建和谐社会。兼容并包是中华优秀传统文化传承的必要条件。在全球化的背景下，文化交流和碰撞愈发频繁。尊重和包容其他国家和民族的文化，可以促进文化多样性和文化交流，使中华优秀传统文化在与其他文化的交流中不断丰富和发展。王征国提出的国民教育、价值优选和兼容并包三种传承方式，是一条全面、多元的传统文化传承思路。在传承优秀传统文化的同时注重对现代社会的适应和发展，使之成为推动社会进步的重要力量。

徐佩瑛、王晓鸣的《中华文化传承创新的路径建构》认为，当前，中华传统文化在传承与发展过程中面临着一些挑战，如文化自觉与文化自信的缺失、文化创新力与创造力的不足、文化传播力有限，以及与经济发展程度不匹配等问题。为了解决这些问题，首先，树立民族成员高度的文化自觉与文化自信，克服"自卑"与"自傲"两种极端。文化自觉是指对自身文化价值的认识和认同，文化自信则是对自身文化发展的信心。只有民族成员具备高度的文化自觉与文化自信，才能更好地传承和发展中华优秀传统文化。其次，要充分激发全社会的文化创新力和创造力。文化创新力与创造力是推动文化发展的重要动力。要构建以社会主义核心价值体系为核心的多元文化交融的文化体系，鼓励文化创新与创造，促进不同文化之间的交流与融合。在这个过程中，哲学社会科学的作用至关重要。它不仅能够为文化创新提供理论支撑，还能引导文化发展方向，使之更加符合社会主义核心价值观。此外，要坚持文化事业与文化产业的两轮驱动。文化事业是指公益性文化服务和文化传承，文化产业则是指文化创意产业和文化市场。要实现文化事业与产业发展的有机结合，形成相互支撑、共同发展的良好格局。同时，要推进文化体制机制改革，构建完善的文化服务体系。这包括加强公共文化设施建设、优化文化资源配置、提高文化服务质量等方面。最后，要积极拓宽文化传播的渠道和范围。随着科技的发展，文化传播方式发生了巨大变化。要充分利用现代传播手段，如互联网、社交媒体等，扩大中国传统文化的传播力和影响力。同时，要加强国际文化交流，让世界了解中国传统文化，提升其在国际舞台上的地位。

白庚胜在《民间文化传承论》中对"传承"一词进行了深入研究，并从民俗学的角度提出了传承的重要性。他认为，民间文化传承不仅是民族精神的延续，也是民族标识、社会制度、民族文化传人、学术资源、技艺智慧和情感宝库的传承。传承是文化发展的关键,是对民族文化的保护和发扬。为了实现民间文化的传承,白庚胜提出了五种传承方式:教育、媒体、产业、学术和民间。教育传承是通过对民间文化知识的教育和传承,使民族文化和传统技艺得以传承。媒体传承是通过广播、电视、网络等媒体平台,让更多人了解和传承民间文化。产业传承是通过将民间文化转化为产业,使民间文化得到传承和发展。学术传承是通过学术研究和学术交流,对民间文化进行深入研究和传承。民间传承是通过民间组织、民间活动等,让民间文化得到传承和发扬。白庚胜提出的五种传承方式提供了民间文化传承的思路。在传承民间文化的同时,也要注重民间文化的保护和发扬。保护和发扬民间文化,不仅是对民族文化的传承,也是对民族精神的传承。要通过传承民间文化,让更多人了解和认识民间文化,让民间文化得到更好的传承和发展,使民间文化在传承中得到更好的保护。

解丽霞在《制度化传承·精英化传承·民间化传承》一文中深入分析了中华优秀传统文化在古代社会的有效传承。她指出,这归功于制度化、精英化和民间化传承体系的互融共生。这样的体系不仅促使优秀传统文化在古代社会的广泛传播和深入实践,还为后世留下了宝贵的文化遗产。首先,制度化传承在文化传承中起着主导作用。它不仅决定了文化的发展方向,塑造了意识形态,还决定了文化传承的方式。制度化传承引领着精英化传承和民间化传承,确保了文化传承的连续性和稳定性。其次,精英化传承在文化传承中起着规范作用。它不仅规范了意识形态文化的偏离,还承担着文化传承的使命和责任。精英化传承是制度化传承和民间化传承的枢纽,起到了连接和沟通的作用。最后,民间化传承在文化传承中起着实践作用。它不仅践行了传统文化的德性规范,保护了传统文化这份物质遗产,还建构了由文化组成的熟人社会。民间化传承将制度化传承和精英化传承落实到日常生活中,使传统文化在民间得以广泛传承和实践。在当下的中国,中华优秀传统文化对经济发展、国际竞争和形象提升的意义愈发凸显。要构建优秀传统文化传承体系，必须在全社会范围内形成对优秀传统文化价值观的认同。这种文化认同是构建传承体系的基础，只有全社会对优秀传统文化有一致的认识和认同，才能真正实现文化传承。在此基础上，还需要进一步明确政府、精英和民间传承之间的责权利，确定好传承的方向、路径和内容。政府应发挥引导和推动作用，制定相关政策和措施，为优秀传统文化传承提供制度保障。精英群体应发挥传承和传播作用，通过教育、研究等方式，传承和弘扬优秀传统文化。民间力量则应发挥实践和参与作用，通过日常生活、文化活动等方式，将优秀传统文化融入社会实践中。

段超在其论文《中华优秀传统文化当代传承体系建构研究》中对传统文化的传承体系进行了详尽分析。他提出，传统文化的传承体系应包括以下几个关键要素：文化的传递者与接受者、传承场所、以中华优秀传统文化为主体的传承内容、传统与现代相结合的传承方式以及推动文化传承良性运转的保障体系。他强调，传承内容是核心，但这一内容受到传承场所、保障体系及传递者和接受者的影响。传承场所和保障体系构成了传承体系的环境系统，为中华优秀传统文化的传承提供了外在动力。首先，文化的传递者与接受者是传统文化传承的主体。在传承过程中，传递者通过各种方式将传统文化传递给接受者，接受者在接受传统文化的同时，也将传统文化传承下去。因此，传承者与接受者的关系是传统文化传承的基础。其次，传承场所是传统文化传承的重要载体。传承场所可以是学校、家庭、社区、文化机构等，传承场所为传统文化传承提供了场地和环境。传承场所的作用在于，它为传统文化的传承提供了必要的物质条件和心理环境，使传承者能够更好地传承传统文化。再次，传承内容是传统文化传承的核心。传承内容主要包括传统文化中的经典著作、传统技艺、传统习俗等。传承内容的选择体现了传统文化的价值观念和道德规范，是传统文化传承的重要内容。此外，传统与现代相结合的传承方式是传统文化传承的重要途径。在传承过程中，要注重传承方式的现代化，使传统文化传承更加符合现代社会的需求。传承方式可以包括教育传承、媒体传承、文化产业传承等。最后，保障体系是传统文化传承的支撑。保障体系包括政策保障、制度保障、经费保障等。保障体系的作用在于，它为传统文化传承提供了必要的支持和保障，使传统文化传承能够顺利进行。总之，段超提出的传统文化传承体系，强调了传承内容的核心地位，以及传承场所、保障体系和传承主体与客体的作用。这个传承体系为传统文化的传承提供了完整的框架，有助于推动传统文化的传承和发展。

在《马克思主义指导下的优秀传统文化传承》一文中，胡银银和张艳斌指出，拓展文化传承的内容，创新传承方式，以及构建传承保障体系是实现优秀传统文化传承的关键要素。此外，除了学校、家庭、社区、文化机构等传承场所，还应当建设一些辅助性的"次传承场所"，例如，文化馆和博物馆等，以便更好地弘扬和传承优秀传统文化。首先，拓宽文化传承的内容是优秀传统文化传承的基础。传统文化传承的内容丰富多样，包括历史、文学、艺术、哲学等多个领域。拓宽传承内容，不仅有助于丰富民族文化的内涵，还能增强民族文化的影响力。在传承内容的选择上，要注重挖掘传统文化的时代价值，将传统文化与现代社会相结合，使之成为推动社会进步的重要力量。其次，创新传承方式是优秀传统文化传承的重要途径。在新时代背景下，充分利用现代科技手段，如互联网、社交媒体等，拓宽传统文化的传播渠道。同时，结合教育、媒体、文化产业等多种方式，使传统文化传承更加丰富多彩。此外，还要注重传承方式的多元化，以满足不同群体的文化需求。再次，提供传承保障体系是优秀传统文化传承的有力支撑。传承保障体系包括政策保障、制度保障、经费保障等。要建立健全文化传承政策，明确文化传承的责任和义务，同时，加大文化传承的经费投入，为文化传承提供物质保障。此外，还要加强文化传承人才的培养，提高文化传承队伍的整体素质。在拓宽文化传承内容的基础上，胡银银、张艳斌提出了建设"次传承场所"的设想。这些"次传承场所"在传统文化传承中发挥着重要作用。文化馆、博物馆等次传承场所不仅为公众提供了丰富的文化活动，还承担着收藏、展示、研究、教育等多种功能，提高民族文化的传播力和影响力。应当积极探索优秀传统文化传承的新途径，为中华民族伟大复兴提供强大的精神支撑。

容中逵在《传统文化传承论——全球化时代中国教育的文化责任》一文中论述了家庭教育、学校教育、大众传媒教育三个领域在文化传承中的重要作用。他认为，这三个领域可以分别以文化知识、价值和行为系统的共同建构，形成一个文化传承的网络，来实践文化传承的使命。这一观点提供了一个全面、系统的文化传承视角。家庭教育是文化传承的基础，它影响着个体对传统文化的认知和认同。家庭教育中的父母、长辈通过言传身教，将传统文化的价值观和行为规范传递给下一代，使之成为他们行为的准则。学校教育则是对家庭教育的一种延伸和深化，它通过系统的课程设置和教学活动，使学生更加深入地了解和掌握传统文化知识。大众传媒教育则是对家庭教育和学校教育的补充，它通过各种媒体平台，向公众传播传统文化，提高社会对传统文化的认知和认同。除了上述三个领域，还有一些研究对传统文化传承在不同领域中的应用进行了探讨。例如，曹能秀的《试论以教育促进民族文化传承的方法》一文从教育角度探讨了如何促进民族文化传承的问题。何晓丽的《文化传承的社会记忆探析》则从社会记忆的角度，分析了传统文化传承的重要性。雷有光的《海外华人民族文化传承研究》则关注了海外华人在文化传承中的问题。廖飞的《论我国民俗文化传承与发展中的政府责任》，以及安学斌的《民族文化传承人的历史价值与当代生境》，则从政府责任和民族文化传承人的角度，探讨了如何更好地传承和发展民族文化。这些研究提供了丰富的理论视角和实践经验，有助于更好地理解和传承传统文化。然而，这些研究也存在一些不足之处，如研究视角的单一、研究方法的局限等。因此，在今后的研究中，需要拓宽研究视野，采用多元化的研究方法，以期更好地理解和传承传统文化。传统文化传承是一个复杂而庞大的课题，需要共同努力。家庭教育、学校教育、大众传媒教育等领域的共同参与，以及政治、文学、音乐和传播学等多种形式的研究，为传承传统文化提供了丰富的理论和实践资源。在今后的研究中，需要继续探索有效传承途径，以期为传统文化的传承和发展作出更大的贡献。

中华优秀传统文化体系的研究论著十分丰富，取得了显著成果。随着时间的推移，专家学者们从不同角度深入探讨传统文化的内涵和价值，提出了多样化的见解和观点，这一过程引发了社会对传统文化的广泛关注，推动了民众文化意识的增强。研究者们在具体问题上也取得了新的进展，尽管对于民族文化理论的研究还有些滞后。专家学者们的努力不仅推动了我国传统文化系统化和理论化水平的提升，而且丰富和精细化了对优秀传统文化内容及其价值体系的研究，产生了许多新成果，拓展了研究的深度和广度。此外，一些研究者通过独到的视角，系统阐述了优秀传统文化传承保护的构想，引起了跨学科领域的关注和研究。不断增加的交叉学科探索开始探讨优秀传统文化的传承保护，并提出了实际可行的措施。这些研究不仅增强了人们对民族文化的信心，清晰了传统文化的真伪，修正了以往简单否定的思维偏见，而且创造了大量高质量的研究成果。这些努力尝试构建新时期优秀传统文化传承体系，彰显了强烈的文化自觉和自信，为当代社会主义文化建设提供了重要的资源支持。

过去的研究尽管取得了丰硕成果，仍存在明显不足。主要问题包括重复论调较多、研究视野相对狭隘。尽管对中国传统文化内容进行了仔细梳理，但大多数研究缺乏系统化的整合，研究结果难以全面、深入地反映中国传统文化的丰富内涵和多元价值。此外，对优秀传统文化与西方现代先进文化及社会主义核心价值观的整合研究不足，未能揭示体系各部分的内在关联，需要加强理论和实践上的深入整合。同时，传统文化传承的研究过于侧重技术性设计，缺乏对传承机制的深入分析，特别是在传承主体、方式和传播等方面的系统探讨不足，影响了传承效果。因此，未来的研究需要拓宽视野、避免重复论调，加强对中华传统文化内容的系统梳理。同时，需要加强优秀传统文化与西方现代文化及社会主义核心价值观的整合研究，深入揭示其内在关联。此外，还需加强对传统文化传承机制的研究，关注传承主体、方式和传播等方面的统筹协调和有机运行。理论与实践结合的研究方式也需强化，注重研究结果的可操作性和实施性。最终，这些努力将有助于为中华优秀传统文化的当代传承提供更具体、有效的实践路径，推动其在当代社会的持续发展，为世界文化的多样性与繁荣作出贡献。

第二章 传统到现代：文化的理论阐释

◉ 第一节 文化的一般和本质阐释

一、文化的内涵

文化是人类社会的灵魂和智慧的结晶，是人类历史发展的产物。它不仅是一个国家的象征，更是人类社会进步的标志。文化是人类对自然界的认知和利用，是人类对社会的组织和治理，是人类对个人修养和人生价值的追求。它包括人类的思想、艺术、法律、习俗等各个方面，不仅反映了人类社会的历史，也展现了人类社会的进步。文化具有多样性、包容性、传承性和创新性。文化的多样性是人类社会丰富多彩的表现，是人类社会不断进步的动力，不同地区、不同民族、不同时代，都有其独特的文化形态，这种多样性，使文化成为一个丰富多彩的世界。文化的包容性是人类在不同文明发展进程中形成的基本特质，是不同文化体系之间在相互尊重与平等交流基础上，既能保持自身特色，又能吸收异质文化元素的能力，文化的包容不是简单的文化混合，也不应该是强势文化对弱势文化的同化，而应是在结合彼此特点基础上的动态转化与平衡的过程。文化的传承性是人类文明得以延续的核心机制，它使文化基因能够跨越时空代代相传，这种传承超越了对历史遗产的简单保存，更多的是通过创造性转化实现文化生命力的动态延续。文化的创新性是文明不断发展演进的内在驱动力，是文化系统在保持核心基因的基础上，通过创造性转化与跨文化融合实现不断自我更新的能力，文化的创新绝不是对传统的背离，而是文化基因的重组和文化发展形态的延续。

在中国古代早期的经典文献中，"文化"一词已然出现，但其含义与现代有所不同，主要体现为"文"与"化"两个字的组合。两字的本义分别指人形和胸部文身，后来引申为各种交错的纹理。《易经·系辞下》记载："物相杂，故曰文。"《礼记·乐记》曰："五色成文而不乱。"许慎在《说文解字》中追溯"文"字的来源，认为"文，错画也，象交文。象两纹交互也。"王筠注释道："错者，交错也，错而画之，乃成文。"由此引申，"文"便涵盖了"文字""文采""文献""文教""天文"等多种含义。

《尚书·序》记载伏羲在八卦山上演画八卦，随后创造了最早的象形文字（造书契），从此文籍便开始产生。随着时间推移，"文"字逐渐被赋予了与"质""实"相对的道德修养和崇高精神的意义。《论语》说："质胜文则野，文胜质则史，文质彬彬，然后君子"；郑玄在《礼记》中注释道："文犹美也，善也。"在古代中国，"文化"二字合并使用时，便已包含了文明教化的显著含义。从那时起，"文化"一词不断发展，延伸出其他几种意义，并且与自然、神理、朴野、武功相对应。

与自然相对应，文化取其人伦、人文之义。例如，"夫玄象著明，以察时变，天文也；圣达立言，化成天下，人文也。达幽显之情，明天人之际，岂在文乎？"与"神理"相对应，文化取其精神教化之义。例如，南齐王融在《曲水诗序》中写道："设神理以景俗，敷文化以柔远。"在此，文化与"落后""野蛮""朴素"相对应，主要表达雅致和文明的意思。例如，"礼为情貌者也，文为质饰者也……须饰而论质者，其质衰也。"与武功相对应，文化取其文治教化之义。晋代束皙在《补亡诗》中写道："文化内辑，武功外悠。"等。从古至今，文化的内涵和外延都在不断地演变和发展。从最初的文身和纹理，到文字和文献的诞生，再到道德修养和精神追求的提升，文化始终伴随人类社会的进步。在古代中国，文化的概念与天文、人文、教化、感化等紧密相连，强调了文明教化的重要性。文化的含义不仅包括了文字、文采、文献、文教、天文等方面，还涵盖了道德修养、崇高精神、社会伦理、人伦关系等更深层次的内涵。随着时间的推移，文化逐渐与自然、神理、朴野、武功等相对应，强调了文明与雅致、文治与武功的关系，成为一个广泛而深远的概念，充分显示了人类知识水平的大幅提升与人类社会的显进步。

"化"字在甲骨文中的形态是一正一倒的两个人形，象征着从生到死的转变，意味着变化。这种变化不仅包含了自然界万物的生存变化，也涵盖了人类社会的变迁。《易经》中有言："男女构精，万物化生"，这里的"化"字代表了自然界的变化和生命的诞生。随着时间推移，"化"字逐渐演化出更多含义，如改易、生成、造化、化育等。《礼记·中庸》中提到："可以参天地之化育"，这里的"化育"指的是天地间的变化和生命的成长。

"化"字的意义还引申出教化、感化、募化和消失等概念。《说文解字》中解释道："化，教行也"，这里的"教行"是指通过教育来改变人的行为和思想。《荀子·不苟》中提到："神则能化矣"，这里的"化"指的是通过感化和教化来改变人的品德和行为。

在中国古代思想史上，"文化"二字合并使用最早见于《周易·贲卦·象传》："天文也。文明以止，人文也。观乎天文，以察时变；观乎人文，以化天下。"在此，"天文"与"人文"相对，分别代表自然和规律的天道，以及社会道德伦理。这种对"文化"的理解，强调了道德伦理在社会中的重要性，认为通过文明教化可以影响和改变整个社会。

国家的治理者或统治者必须自觉观察自然界的运行规律，以指导民众进行农业、狩猎和捕鱼等劳动；同时，还要依据自然的变化有序安排社会的长幼尊卑秩序，确立君臣、父子、夫妇、兄弟、朋友等的等级关系，让更多的人明白礼仪，遵循规范，从而推动整个社会向理想状态发展。自文明曙光初现，文化便作为人类社会的核心概念，承载着丰富的内涵与深远的意义。"文化"一词，从其诞生之初，便蕴含着文明教化之意。它不仅是对人类行为规范的一种引导，更是对人类心灵世界的塑造。从那时起，"文化"便开始了一段漫长的演变历程，直至今天，其内涵已经延伸至多个层面，且与自然、神理、朴野、武功等概念形成了鲜明的对比。"自然"代表着未经雕琢的原始状态，而"文化"则代表着人类对自然界的改造和利用，它彰显了人类的人伦精神和人文智慧。正如古语所言："夫玄象著明，以察时变，天文也；圣达立言，化成天下，人文也。达幽显之情，明天人之际，岂在文乎？"此言道出了"文化"的真谛，它既包含了人类对自然界的认知，也包含了人类对社会的构建。"文化"还与"落后""野蛮""朴素"等概念相对应，主要表达的是雅致和文明的意思。在古代，"文化"被视为一种高雅的品质，一种对生活的精致追求。正如古语所说："礼为情貌者也，文为质饰者也……须饰而论质者，其质衰也。"这里的"文化"既是对人类精神世界的修饰，也是对人类物质世界的改善。最后，"文化"与"武功"相对应，取其文治教化之义。"武功"代表着暴力征服，而"文化"则代表着和平统治。在晋代束皙的《补亡诗》中写道："文化内辑，武功外悠。"这里的"文化"便是指通过教化来达到国家的治理和稳定。综上所述，文化作为一种精神力量，不仅深刻地影响着人类社会的进步，也极大地丰富了人类的精神世界。它既是对人类行为的规范，也是对人类心灵的滋养。从古至今，文化一直在不断地演变和发展，其内涵也在不断地丰富和深化。

自人类在地球上建立起第一个社会群体，"文化"便如影随形，它既是人类对自然界的认知和改造的产物，也是人类心灵世界的映射和表达。在"文化"的初生阶段，它以文身和纹理的形态出现，这些原始的符号和图案，不仅是人类对美的追求，更是人类试图理解和解释世界的一种尝试。随着文字的诞生，"文化"开始以一种更为系统和持久的方式传承下来，文字和文献成为"文化"的载体,记录了人类的知识、经验和智慧。在古代中国,"文化"的概念与天文、人文、教化、感化等紧密相连,它强调了文明教化的重要性,体现了人类对道德修养和精神追求的提升。"文化"的含义不仅包括了文字、文采、文献、文教、天文等方面,还涵盖了道德修养、崇高精神、社会伦理、人伦关系等更深层次的内涵。随着时间的推移,文化逐渐与自然、神理、朴野、武功等相对应,强调了文明与雅致、文治与武功的关系。"文化"成为一个广泛而深远的概念,它包含了人类的思想、艺术,成为人类社会不可或缺的一部分。在历史的长河中,"文化"不断演变和发展,其内涵和外延也在不断地丰富和深化。从古至今,"文化"始终伴随人类社会的进步,它既是对人类行为的规范,也是对人类心灵的滋养。"文化"的演变和发展,不仅反映了人类社会的变迁,也展现了人类对美好生活的追求。在未来的日子里,"文化"将继续伴随人类社会的发展,以其独特的魅力和力量,影响着人类的进步和未来。

西方的"文化"概念,其根源可追溯至拉丁语,最初与人类通过劳动改造自然以满足基本生活需求的实践活动紧密相连,如耕种、土壤的处理和加工等。这种对自然的改造,不仅是物质层面的征服和利用,也是人类对自然规律认知的体现,是人类智慧和对环境适应性的展现。然而,19世纪末,随着达尔文进化论的提出和普及,文化开始成为社会学和人类学研究的重要议题,学者们试图从更广阔的角度理解文化的内涵和意义。文化的概念逐渐从物质层面拓展到精神层面,它不再仅仅是对自然的改造,而是包括了人类的思想、信仰、价值观、艺术、法律、习俗等各个方面。在19世纪末到20世纪初,文化的概念在西方学术界得到了广泛的研究和讨论,形成了多种不同的文化理论。其中最具代表性的有文化相对主义、文化唯物主义、文化结构主义等。这些理论从不同的角度对文化进行了深入研究和探讨,为理解文化的内涵和意义提供了重要的理论依据。随着时间的推移,文化的概念在西方学术界得到了不断的拓展和深化,它已经成为了一个跨学科的研究领域,涉及人类学、社会学、心理学、哲学、艺术等多个学科。在全球化的大背景下，文化的研究也呈现出了一种多元化和开放性的趋势，学者们开始关注不同文化之间的交流和互动，以及文化在全球化进程中的作用和影响。西方的"文化"概念，从最初物质层面的改造自然，到现在精神层面的多元探讨，其内涵和意义已经发生了深刻的变化。然而，无论文化的概念如何演变，它始终是人类社会不可或缺的一部分，它既是理解世界的工具，也是表达自我、传承历史、创造未来的载体。

在这一背景下，英国学者泰勒提出了一个综合性的文化定义，他认为文化是一个包括知识、信仰、艺术、道德、法律、习俗及个人能力和社会习惯的综合体，这个定义与汉语中"文明"的概念相近，强调了文化的广泛性和人类行为的规范性。泰勒的定义开启了文化研究的先河，为后来的学者提供了丰富的思考空间。另外，博厄斯将文化的视角转向历史和群体性，他认为文化是特定群体内形成的习惯和活动的总和，这种观点强调了文化的社会性和历史性，他认为文化是随着时间和空间的变化而演变的，每个文化群体都有其独特的文化特征。博厄斯的观点对后来的文化相对主义和多元主义产生了深远的影响。马林若夫斯基等人则将文化视为满足社会成员各种需求的风俗、道德、制度和礼仪，他们认为文化是人类为了适应环境和满足生活需要而创造的一系列社会规范和行为模式，这些模式既包括物质层面的工具和技术，也包括精神层面的信仰和价值观。马林若夫斯基等人的观点强调了文化的功能性和实用性，他们认为文化是人类为了解决生活问题而创造的一种适应性系统。这些观点共同构成了西方文化研究的基础，为理解文化的本质和功能提供了多维度的视角。文化不仅是人类对自然的改造，也是社会秩序的构建，是个体与群体身份的认同，是历史传承和创新的载体。文化既是人类适应环境的产物，也是人类自我表达和自我实现的手段。通过对文化的研究和理解，可以更好地认识人类自身，推动社会的和谐发展，实现人类文明的繁荣和进步。美国人类学家克罗伯和科拉克洪对文化下了一个综合定义，这个定义强调了文化存在于内隐和外显的模式中，通过符号的运用学习和传播，构成人类群体的特殊成就，包括物品的具体式样、传统思想观念和价值观，尤其是价值观。这个定义揭示了文化作为人类社会现象的复杂性和多样性，以及文化在人类社会发展中的重要作用。克罗伯和科拉克洪的定义指出，文化不仅包括物质层面的物品和器物，还包括精神层面的思想观念和价值。这种观点强调了文化的全面性和综合性，认为文化是人类社会生活的各个方面和层面的总和。文化是人类对自然和社会的认知、理解和解释，是人类对生活意义的追求和表达。文化存在于内隐和外显的模式中，意味着文化既包括那些显而易见、容易观察到的方面，如艺术、建筑、服饰等，也包括那些不易察觉、深藏在人们内心深处的方面，如信仰、价值观、思维方式等。这种内隐的文化模式对人类社会的发展和变迁起着决定性的作用，它们影响着人们的行为和决策，塑造着社会的基本结构和秩序。通过符号的运用学习和传播，文化得以传承和发展。符号是人类表达和传递信息的工具，包括语言、文字、图像、音乐等。文化通过这些符号的运用，将知识、信仰、价值观等传递给下一代，使文化得以传承和发展。这种传承和发展不仅体现在个体层面，也体现在群体层面，形成了不同文化群体的特色和差异。克罗伯和科拉克洪的定义还强调了文化构成人类群体的特殊成就。文化是人类社会发展的产物，是人类智慧和创造力的结晶。每个文化群体都有其独特的文化成就，这些成就包括对自然界的认知、对社会秩序的构建、对生命意义的追求等。这些成就反映了人类对世界的理解和把握，体现了人类社会的发展和进步。

文化的定义众多，无法一一列举，但通过对主要文化流派的介绍，可以窥见文化的内核。文化是人类从原始状态向文明状态不断演化的过程，是人类在实践中与自然、主体与客体之间对立统一的表现。要界定文化的含义，可以理解为人类有意识地改造主观世界和客观世界的行为及其产生的影响。简而言之，文化就是"人化自然"，即自然向人类世界的转化。文化的演化过程是人类社会发展的必然结果，是人类从本能生存到文明生活的转变。在这个过程中，人类逐渐认识到自然规律，学会了利用自然资源，形成了社会分工，发展了科学技术，建立了道德规范，创造了艺术。这些成就都是文化在不同阶段的表现，体现了人类对自然的认知和对自身价值的追求。人类在改造自然的过程中，既受到自然规律的限制，又通过自己的智慧和创造力不断突破自然界的束缚。这种对立统一的关系，使文化成为一个动态发展的过程，不断推动人类社会向前发展。界定文化的含义，即人类有意识改造主观世界和客观世界的行为及其产生的影响。这种改造包括对自然界的利用和改造，对社会的组织和治理，对个人修养和人生价值的追求。这些行为和影响构成了文化的核心内容，体现了人类社会的进步和发展。在改造自然的过程中，人类不仅改变了自然界的面貌，也改变了自己的生活方式、价值观念和思维方式。这种转化使人类社会从原始状态走向文明状态，成为一个具有丰富内涵和多样性的文化世界。人类通过劳动，改变自然界的面貌，满足自己的生活需求，也在劳动中改变自己，提高自己的认知能力和创造力。在这种"自然向人的转化"中，自然可以分为两个部分：一部分是独立于人的外在自然世界，另一部分是人的内在自然，即人的身体和感觉，自然的"人化"包括人类对外在自然的主动改造，以及人自身内在自然的变化，正是在这种客体与主体的不断发展变化中，人类不断推动整个世界的丰富多彩与文明形态的迭代升级。

综上所述，文化是一个多维度的概念，它既包括人类对自然的改造，也包括社会习惯、价值观念、艺术表达和道德规范的形成。这一概念涉及了人类社会生活的方方面面，从物质层面的生产活动到精神层面的思想观念，文化无处不在，无时不有。首先，文化是人类对自然的改造。从远古时代，人类就开始通过劳动，改变自然环境，以满足自身的生存需求。这种改造不仅包括对土地的耕种、对水源的利用，还包括对自然资源的开发和利用。在这个过程中，人类逐渐形成了独特的生产方式和生活习惯，这些习惯和方式成为文化的一部分。同时，人类在改造自然的过程中，也不断地学习和积累经验，形成了对自然规律的认知和理解，这些认知和理解也成为文化的一部分。其次，文化概念中的社会习惯、价值观念、艺术表达和道德规范的形成，都是人类社会生活的有机组成部分，它们共同构成了人类社会的秩序和规范。社会习惯是指在特定社会环境中形成的、普遍遵守的行为模式和行为规范。这些习惯反映了社会的特点和价值观，它们对个体和社会都具有重要的影响。价值观念是指人们对事物和行为的评价和判断，反映了人们对生活的理解和追求。艺术表达是指人类通过各种艺术形式，表达自己的情感和思想，艺术是人类文化的瑰宝，展现了人类的创造力和审美能力。道德规范是指社会对个体行为的规范和要求，反映了社会的伦理观念和道德标准，这些规范和标准对个体和社会都具有重要的约束和指导作用。文化所包含的这些维度内容既相互联系又相互影响，共同构成了人类社会的文化体系。通过对文化的理解和研究，可以更好地认识人类社会的发展脉络，理解人类文明的丰富性和多样性，推动社会的和谐发展，实现人类文明的繁荣和进步。文化不仅是人类活动的产物，也是人类自我认知和自我表达的媒介。它是历史的积淀，也是社会进步的驱动力。文化的多样性体现了人类社会的丰富性和复杂性，它是不同群体、不同时代、不同地域的人们相互交流、相互影响的结果。文化的力量在于它的传承和创新，它能够激发人们的创造力，推动社会的和谐发展。因此，对文化的深入研究和理解，对于促进人类文明的繁荣和进步具有重要意义。

文化是人类在劳动这一基本活动形式中创造的产物。通过劳动，人类不断地认识、调整、依赖并改造自然，以逐步满足自身发展的物质和精神需求，这个过程既复杂又漫长，它伴随人类从原始状态到现代文明的整个发展历程。在人类文明的初期，文化表现为对自然的敬畏和顺应，人类通过观察自然、模仿自然，逐渐学会利用自然界的资源，满足基本的生存需求。这一时期的文化，主要体现在对自然规律的认知和适应上，如对季节变化的掌握、对动植物习性的了解等。随着人类对自然界的认知不断深入，文化也开始呈现出多样性，不同地区、不同民族形成了各具特色的文化形态。进入农业社会后，文化的发展进入了一个新的阶段。人类开始通过农业生产，对自然进行一定程度的改造，以满足日益增长的物质需求。这一时期的文化，主要体现在对农业生产技术的创新和发展上，如农具的改进、水利设施的建造等。同时，随着社会分工的出现，文化也开始呈现出专业化的趋势，如手工艺、商业等领域的文化形态开始形成。进入工业社会后，文化的发展也进入了高速阶段。人类通过工业生产，对自然进行了前所未有的改造，物质财富的创造达到了前所未有的高度。这一时期的文化，主要体现在对工业生产技术的创新和发展上，如机械制造、电力应用等。随着城市化进程的加快，文化也开始呈现出多元化的趋势，如现代艺术、大众传媒等领域的文化形态开始形成。进入信息社会后，文化的发展进入了全球化发展阶段。人类利用信息技术对自然和社会进行了深入的改造，精神需求得到了前所未有的满足。这一时期的文化，主要体现在信息技术的创新和发展上，如互联网、移动通信等。随着全球化的推进，文化也开始呈现出融合的趋势，如跨文化交流、全球价值观的形成等。

信息技术的飞速发展，使全球范围内的信息传递变得前所未有的迅速和便捷。互联网的普及，让人们可以随时随地获取和分享信息，跨越地域和时间的限制，实现了全球范围内的信息共享。移动通信技术的进步，让人们可以随时随地保持联系，无论身处何地，都可以与他人进行实时交流。这些技术的创新和发展，为文化的全球化发展提供了技术支持，使文化得以在全球范围内传播和交流。不同国家和地区的文化在交流和碰撞中相互借鉴和融合，形成了一种新的全球文化。这种全球文化具有多样性和包容性，它不仅包含了不同文化的元素，也融合了各种文化的精神和价值观。全球文化的形成，使人们更加注重跨文化交流，尊重和理解不同的文化传统，推动了全球文化的多元化和和谐发展。经济全球化的推进也带来了全球价值观的形成。

在全球化的背景下，人们开始关注全球性的问题，如环境保护、人权、社会公正等。全球价值观的形成，使人们更加注重社会责任和全球合作，推动了全社会的进步和发展。这些变化反映了文化在全球化背景下的发展态势，也展现了人类社会对文化多样性和全球合作的追求。通过文化的交流和融合，可以更好地理解全球化的意义，推动全球文化的多元化和和谐发展，实现人类社会的共同进步。

综上所述，文化是人类在与自然界的互动过程中，通过劳动逐步认识、适应、依赖和改造自然世界，以满足自身发展需求的过程。这一过程不仅涵盖了物质需求的满足，也包括了精神需求的满足。文化的发展伴随人类历史的进程，是人类社会的灵魂和智慧的结晶。通过对文化的理解和传承，可以更好地认识人类自身，推动社会的和谐发展，实现人类文明的繁荣和进步。

文化是人类自身通过劳动创造的，劳动是人类生存和发展的基础。在劳动过程中，人类不断认识自然，了解自然规律，并利用这些规律来满足自己的需求。这种认识和利用自然的过程，是人类文化发展的基础。在这个过程中，人类不仅学会了如何利用自然资源，还创造了自己的生活方式和价值观。这些生活方式和价值观，构成了人类文化的核心。文化的发展是一个不断调整和适应的过程。人类社会的发展，使人类的生活方式发生了很大的变化，从游牧生活到农业生活，再到工业生活，人类的生活方式在不断变化。这种变化，使人类的文化也在不断变化，形成了不同的文化形态。文化是人类自身通过劳动改造自然世界的过程。在这个过程中，人类不仅改变了自然界的面貌，也改变了自己的生活方式和价值观。这种改变，是人类文化发展的过程，也是人类文明进步的过程。

二、文化的特征

文化，作为人类改造自然和社会的行为及成果，蕴含着智慧与创造力。它遵循独特的发展规律，展现出一系列基本特征。

1. 整体性与可分性的统一

文化是一个整体性的组织体系，包含众多不可分割的元素，这些元素相互依赖，共同构成了文化的丰富内涵。在这个体系中，无论是元素之间，还是元素与结构之间，都存在着紧密的联系。它们相互影响，形成有机的联系。这种联系不仅体现在文化内部的结构上，也体现在文化与社会环境的互动中。文化元素相互制约、相互作用、相辅相成，形成了文化系统保持相对稳定的机制。然而，文化的整体结构和部分元素并非一成不变，它们会随着环境的变化而互动、变迁。这种互动和变迁不仅塑造了文化的多样性，也赋予了文化的个性与特色。

在文化系统中，还存在一些可分离的元素，这些元素可以在人为干预下被改造、吸纳并融入其他文化系统，从而促进文化的交流与融合。文化既不是坚不可摧、不可解析的，也不是彼此无关的元素混合体，而是一个具有结构和整体功能的复杂系统。各元素相互作用、相互影响，共同构成了文化的复杂网络。在历史的长河中，文化不断地演变和发展，其内涵和外延也在不断地深化和丰富。从古至今，文化始终伴随人类社会的进步，它既是对人类行为的规范，也是对人类心灵的滋养。文化的演变和发展，不仅反映了人类社会的变迁，也展现了人类对美好生活的追求。在未来的日子里，文化将继续伴随人类社会的发展，以其独特的魅力和力量，影响着人类的进步和未来。

2. 普遍性与多样性的统一

文化的普遍性与多样性是文化发展中两个不可分割的方面，它们在文化的整体性组织结构体系中相互交织、相互影响。文化普遍性是指在人类文化中存在的一些基本特征和普遍规律，它是人类共同生活、共同发展的基础。文化多样性则是指不同民族、不同地区、不同社会群体在历史发展过程中形成的各具特色的文化现象，它是人类文化发展的动力和源泉。

文化普遍性与多样性的关系可以从以下几个方面来理解：

首先，文化的产生和发展是一个复杂而多元的过程，其中文化的普遍性和多样性扮演着重要的角色。文化的普遍性源于人类共同的生活经验和基本需求，它体现在不同文化中对某些基本价值和道德规范的认同上。例如，对家庭、社会、国家的忠诚和尊重，对真理、美好和正义的追求，这些都是普遍存在于各种文化中的共同价值观。尽管存在普遍性，但每种文化都有其独特的特点和历史背景，这就是文化的多样性。文化的多样性源于不同民族、不同社会的独立创造和发展。每个民族都有其独特的语言、艺术、风俗习惯和社会制度，这些都是文化多样性的体现。例如，中国有着悠久的历史和丰富的文化传统，如春节、中秋节等传统节日，以及书法、绘画、音乐、舞蹈等艺术形式，都是中国文化的重要组成部分。然而，文化的产生和发展并不完全独立，各种文化之间也存在着交流和借鉴。例如，阿拉伯数字最初是由印度人发明的，后来通过阿拉伯人传入欧洲，并逐渐发展成为全球通用的数字系统。这个过程既展示了文化普遍性的一面，也展示了文化多样性的一面。文化的普遍性和多样性是相互依存、相互渗透的。没有多样性，就没有文化的丰富性和创造力；没有普遍性，就没有文化的交流和理解。因此，应该尊重和保护各种文化的多样性，同时要寻求和弘扬文化的普遍性，以促进不同文化之间的交流、理解和和谐发展。

其次，文化传播和历史变迁是文化发展中两个不可分割的方面，它们共同体现了文化在时间进程中的持续演进和动态变化。从文化传播和历史变迁的角度来看，文化的普遍性和多样性是相互促进、相互强化的。随着科技的发展和交通的便利，文化传播的速度和范围都得到了空前的提升。各种文化元素在全球范围内流动、碰撞、融合，新的文化特质不断涌现，为各民族的文化发展提供了丰富的素材和源源不断的创新动力。在历史的长河中，可以观察到文化传播和历史变迁对文化普遍性和多样性的影响。在古代，由于交通和通信的不便，文化传播速度相对缓慢，文化的多样性主要表现为地域性文化特色。然而，即使在那个时候，文化的普遍性也已经开始显现。例如，丝绸之路的开通促进了东西方文化的交流。近现代以来，随着科技的发展特别是互联网的普及，文化传播不再受地域限制，人们可以随时随地了解和接触到各种文化。这种全球化的文化传播促进了文化的碰撞和融合，新的文化特质不断涌现。例如，西方的摇滚乐和电影传入中国，与中国的传统文化相互融合，产生了独特的中国摇滚乐和中国电影。同时，中国的武术和茶文化也传入西方，受到西方人的喜爱和推崇。在文化传播和历史变迁的过程中，各民族也在不断地吸收、融合外来文化元素，将其融入自己的文化体系。这种文化的融合不仅丰富了各民族的文化内涵，也提升了文化的多样性。例如，中国的饮食文化融合了汉族和各个少数民族的饮食特色，形成了丰富多样的中国菜系。同时，各民族的文化也在不断地创新和发展，为文化多样性提供了源源不断的动力。

最后，文化的普遍性和多样性是文化发展中两个不可分割的方面，它们在文化价值和功能上相互补充、相互完善。文化的普遍性为人类提供了一种共同的价值观念和道德规范，它是人类共同生活、共同发展的基础。这种普遍性体现在对家庭、社会和国家的忠诚和尊重，对真理、美好和正义的追求等方面。它使不同文化背景的人们能够相互理解、相互尊重，共同维护世界和平与发展。而文化的多样性则为人类提供了一种丰富多彩的生活方式和精神享受。中国的传统节日以及书法、绘画等艺术形式是我们独特的文化传统和风俗习惯，在西方，诸如交响乐、歌剧、油画等艺术形式是西方文化的重要组成部分，对西方人的思想和行为产生了深远的影响。这种多样性使整个人类社会充满了生机和活力，为不同地区的人提供了迥异的生活方式和精神体验。在文化价值和功能上，文化的普遍性和多样性是相互补充、相互完善的。没有普遍性，就没有文化的共同价值观和道德规范，人类社会将陷入混乱和冲突之中；没有多样性，就没有文化的丰富性和创造力，人类社会将变得单调和乏味。因此，应该既要尊重和保护文化的多样性，又要寻求和弘扬文化的普遍性，以促进不同文化之间的交流、理解和和谐发展。

在未来的历史进程中，应该更加重视文化的普遍性和多样性的关系，积极推动不同文化之间的交流、互鉴和融合。尊重和保护各种文化的多样性，应该认识到每种文化都有其独特的价值和意义。避免文化中心主义和文化歧视，应该尊重每个民族的文化传统和风俗习惯。寻求和弘扬文化的普遍性，应该认识到不同文化之间存在共同的价值观念和道德规范。通过对话和交流，可以找到文化的共同点，促进文化的相互理解和尊重。鼓励和促进文化的交流和互鉴，通过文化的交流和互鉴，可以学习其他文化的优点和长处，从而促进文化的创新和发展。总之，文化的普遍性与多样性是文化发展中两个不可分割的方面，它们相互依存、相互促进，共同构成了人类文化的丰富多彩和不断发展。在未来的历史进程中，应该更加重视文化的普遍性和多样性的关系，积极推动不同文化之间的交流、互鉴和融合，以实现人类文化的共同繁荣和发展。

3. 累积性与变革性的统一

文化的累积性与变革性是文化发展中的两个重要方面，它们共同体现了文化在时间进程中的持续演进和动态变化。文化的累积性，是人类文明发展的重要特征，它体现了人类在自然和社会环境中不断创造、传递和积聚的文化成果。这种累积性不仅体现在对旧文化元素的保存和传承，还表现为对新文化元素的吸收和扩展。纵观人类历史长河，人们在适应和改造内外世界的过程中，不断地发现、总结和积累经验，创造了丰富多彩、各具特色的文化形式，并在代际间传承和传播这些文化，从而实现了文化的累积。文化的累积性是一个动态的过程，它涉及文化的保存、传承、创新和发展。在文化的累积过程中，旧的文化要素被保存和传承，新的文化要素被吸纳和增加。这种文化的累积不仅发生在物质文化层面，如建筑、工艺品、文物等，也发生在精神文化层面，如语言、艺术等。例如，中国的传统文化在历史的长河中不断累积和发展，形成了独特的语言文字、哲学思想、文学艺术等，这些都是文化累积的体现。在文化的累积过程中，人类不仅保存和传承了旧的文化要素，还不断吸纳和增加了新的文化要素。这种文化的吸纳和增加可以通过文化的交流和传播来实现。例如，中国的文化在历史的长河中不断吸纳和融合了来自不同地区和民族的文化要素，新的文化要素融入中国的文化体系，使中国的文化更加丰富多彩。在文化的累积过程中，人类还通过创新和发展来丰富和提升文化。这种文化的创新和发展可以通过文化的交流和互鉴来实现。例如，中国的文化在历史的长河中不断与其他文化进行交流和互鉴，从而促进了文化的创新和发展。文化的累积性是人类文明发展的重要特征，它体现了人类在自然和社会环境中不断创造、传递和积聚的文化成果。这种文化的积累性不仅体现在对传统文化要素的保存和传承上，也表现为对新文化要素的吸纳和增加。在文化积累的过程中，人类通过保存、传承、创新和发展，丰富和提升了文化，使其更加多样化和充满活力。文化积累性在时间维度上呈现为间断与连续的统一过程，表明文化在时间轴上是连续不断的，传统与现代并不是孤立存在的，而是相互联系、相互影响的。因此，文化的积累是文化发展的主要表现形式，没有积累就没有文化的创新、变革和发展。

文化并非一成不变，其最基本的特征就是变革。文化的变革性指的是文化在积累过程中不断变化的特性，包括文化的扬弃和创新等方面。文化的积累与变革是辩证统一的，积累是文化发展的前提和基础，变革则是文化发展的环节和契机。只有积累没有变革，文化只能在数量上增加，不会有真正的创新和发展。同样，失去了文化的积累，人类文化的发展也只能原地踏步，创新和变革更无从谈起。文化积累与创新的辩证统一关系，充分体现了文化发展过程中量变和质变的统一。

在文化的累积与变革过程中，可以观察到文化的动态性和多样性。文化在累积中不断地吸收新的元素，同时在变革中不断地扬弃旧的元素，这种动态性使文化能够适应不断变化的社会环境。而文化的多样性则体现在不同地区、不同民族的文化在累积与变革中形成的独特性。每种文化都有其独特的累积和变革路径，这种多样性是人类文化宝库中的重要组成部分。在全球化背景下，文化的累积与变革更加显现出其重要性。随着各地区、各民族文化交流的加深，文化在累积中不断地吸纳外来元素，也在变革中不断地创新和适应。这种文化的累积与变革，不仅促进了文化的交流与融合，也为文化的发展提供了新的契机和动力。总的来说，文化的累积性与变革性是文化发展中两个不可分割的方面，它们相互依存、相互促进，共同构成了人类文化的丰富多彩和不断发展。在未来的历史进程中，应该更加重视文化的累积性与变革性的关系，积极推动文化的交流、互鉴和融合，以实现人类文化的共同繁荣和发展。只有这样，才能在文化的累积与变革中，不断推动文化的创新和发展，为人类社会带来更加丰富多彩的文化成果。

文化的累积性与变革性是文化发展中的两个核心动力，共同推动了人类文化的持续演进和动态变化。文化的累积性是人类智慧的积累和传承，使文化得以在历史的长河中不断发展和丰富。这种累积性体现在语言、艺术、科学等各个领域，是人类对自然和社会的认知、创造和积累的结晶。文化的累积性不仅是对过去的回顾和传承，更是对未来发展的铺垫和引导。

文化的变革性同样重要，它是指文化在累积过程中不断进行创新和变革的特性。这种变革性使文化能够适应新的社会环境，满足人们不断变化的需求。文化的变革性体现在新的思想、新的艺术形式、新的科技发明等方面，它是人类对过去的挑战和超越，对未来的探索和追求。在全球化的浪潮中，文化的交流和互鉴日益频繁，文化的累积与变革为人类文化的共同繁荣和发展提供了新的可能。因此，应该更加重视文化的累积性与变革性，积极推动文化的交流、互鉴和融合。文化的累积性与变革性是辩证统一的。文化的累积性是文化发展的前提和基础，没有累积就没有文化的传承和发展。文化的变革性是文化发展的动力和源泉，没有变革就没有文化的创新和进步。因此，应该在文化的累积与变革中寻找平衡，既要重视文化的传承和发展，又要推动文化的创新和进步。在全球化的背景下，应该积极推动文化的交流、互鉴和融合。通过文化交流，学习其他文化的优点和长处，促进自身文化的创新和发展。通过文化的互鉴，可以相互借鉴，共同推动文化的繁荣和发展。通过文化的融合，可以创造出更加丰富多彩的文化形态，为人类社会带来更加美好的未来。

三、文化的结构

文化结构是文化研究中的一个重要概念，它描绘了不同文化要素或文化丛之间的秩序关系。随着人类文化的扩展和社会关系的日益复杂，文化结构也变得愈加丰富多样。每个社会群体的风俗习惯、道德规范、法律制度、艺术形式等都构成其文化结构的一部分，体现了属于该群体的个体行为和价值观念。文化结构的研究可以帮助更深入地理解不同文化之间的差异和相似之处，从而促进文化的交流和理解，同时，有助于更好地理解人类社会的演变和发展，为文化保护和传承提供理论支持。

文化结构可以根据不同的分类标准进行划分，根据文化要素的性质，可以将其分为物质文化、制度文化和精神文化。物质文化包括建筑、服饰、饮食等；制度文化包括政治制度、法律制度、社会规范等；精神文化包括哲学思想、道德观念等。物质文化是文化结构的基础，它反映了人类对自然界的利用和改造能力。建筑、服饰、饮食等物质文化形态，是人类对自然界的物质需求和文化需求相结合的产物。它们不仅满足了人们的生理需求，也体现了人们的精神追求和审美观念。制度文化是文化结构的规范，它规定了社会秩序和个体行为。政治制度、法律制度、社会规范等制度文化形态，是社会群体为了维护秩序和稳定，以制度化的方式对个体行为进行规范和约束。制度文化对个体行为具有重要的导向和约束作用，是社会和谐稳定的重要保障。精神文化是文化结构的核心，它体现了人类的精神世界和价值观念。哲学思想、道德观念等精神文化形态，是人类对世界和人生的认识和理解，是对价值观念和行为规范的深入思考和探索。精神文化对个体行为具有重要的影响和指导作用，是文化传承和发展的重要基础。文化结构的不同层面之间相互关联、相互影响。物质文化是制度文化和精神文化的物质基础，制度文化是物质文化和精神文化的规范和保障，精神文化是物质文化和制度文化的核心和灵魂。这三个层面共同构成了一个完整的文化结构体系，反映了人类社会的全面发展和进步。在全球化的背景下，文化结构的交流和融合变得更加频繁和深入。不同文化之间的交流和互鉴，促进了文化的创新和发展。同时，文化结构的交流和融合也带来了一些挑战和问题，如文化冲突、文化同质化等。因此，需要在尊重和保护文化多样性的基础上，积极推动文化的交流和融合，实现文化的共同繁荣和发展。

文化是一个复杂而多维的现象，它包括表层结构和深层结构两个方面。表层结构是文化的外在表现，是可以直接感知和观察到的部分，主要包括器物文化、语言文字、音乐舞蹈和风土人情等。器物文化指的是一个民族的日常生活用品和工具，它们反映了这个民族的生活方式、生产方式和审美观念。语言文字是文化的重要载体，它不仅是人们交流思想的工具，也是文化传承和表达的重要手段。音乐舞蹈是文化中不可或缺的艺术形式，它们通过声音和身体的动作传达情感和美感，反映了民族的精神面貌和审美追求。风土人情则是指一个地区的自然环境和人们的生活习惯、风俗传统等，它们共同构成了一个地区的文化特色。

文化的真正内核在于其深层结构，它是一个民族在长期的历史发展过程中形成的心理基础和价值理念。深层结构是文化的灵魂，它决定了民族的行为模式、思维方式和价值取向。心理基础包括民族的性格特征、情感态度和认知方式等，它们深深地影响着民族成员的个体行为和集体行为。价值理念则是民族对于善恶、美丑、真假等问题的根本看法和评价标准，它们是民族的精神支柱和行为准则。深层结构是文化的内在驱动力，它使得文化具有了生命力和凝聚力，能够不断地传承和发展。

表层结构和深层结构是相互关联、相互影响的。表层结构是深层结构的外化和表现，它反映了深层结构的内容和特征。同时，表层结构也会对深层结构产生影响，它会塑造和强化民族的心理基础和价值理念。例如，一个民族的语言文字中蕴含的价值观和思维方式会影响民族成员的认知方式和行为模式；音乐舞蹈中的情感表达和审美追求会塑造民族成员的性格特征和情感态度。因此，要深入了解一个民族的文化，就不能只看到它的表层结构，还要深入到它的深层结构中去。因此，应该更加重视文化的研究和传承，既要保护和发扬文化的表层结构，也要深入挖掘和传承文化的深层结构。只有这样，才能更好地理解和把握文化的本质，才能更好地发挥文化的作用，推动社会的进步和发展。

文化的表层结构是文化的外在表现，是文化深层结构的显性变体。它是动态的，不断发展和变化，反映了文化深层结构的意向和价值观。表层结构的变迁和异化是对文化深层结构意向的回归和肯定，是文化发展的必然结果。在表层结构中，器物、风俗习惯和制度是最主要的三种表现形式。器物是文化的物质载体，是人们生活方式和生产方式的直接体现。它们随着科技的发展和人们需求的变化而不断更新换代，反映了社会的进步和文化的变迁。风俗习惯是人们在长期生活中形成的行为规范和社会习惯，它们体现了民族成员的性格特征和生活方式。风俗习惯的变化往往与社会变革和文化交流有关，它们在保持民族特色的同时，也受到外来文化的影响。制度是社会组织和管理的规范，是社会秩序和稳定的基础。制度的变迁反映了社会结构和权力关系的变化，也体现了文化深层结构中的价值观念和思想观念。在深层结构中，精神和思想是最重要的表现形式。精神是民族在长期历史发展过程中形成的共同心理基础和情感态度，它是民族凝聚力和创造力的源泉。精神包括民族的性格特征、情感态度和认知方式等，它们深深地影响着民族成员的个体行为和集体行为。思想是民族对于世界观、人生观和价值观的根本看法和理论体系，它是民族文化的核心和灵魂。思想观念的变化往往与社会变革和文化交流有关，它们在推动社会进步和文化发展的同时，保持了民族文化的连续性和稳定性。

文化是一个复杂而多维的现象，它包括物质、风俗习惯、制度和精神四个方面。物质层面是文化的基础，它包括建筑、服饰、饮食等。建筑是人类为了居住和活动而创造的空间，它反映了民族的审美观念、生活方式和社会结构。服饰是人类为了保护身体和装饰自己而创造的物品，它反映了民族的身份认同、审美追求和社会地位。饮食是人类为了维持生命和身体健康而摄取食物，它反映了民族的饮食习惯、生活方式和文化特色。风俗习惯层面是文化的表现形式，它包括节日庆典、礼仪、习俗等。节日庆典是民族为了纪念重要事件和表达情感而举行的活动，它反映了民族的历史传统、文化特色和社会团结。礼仪是民族为了表达尊重和友好而遵守的行为规范，它反映了民族的人际关系、社会秩序和文化传统。习俗是民族在长期生活中形成的行为习惯和社会规范，它反映了民族的生活方式、价值观念和文化特色。制度层面是文化的组织形式，它包括政治制度、法律制度、社会规范等。政治制度是国家政权的组织形式和运行机制，它反映了民族的政治理念、权力结构和治理方式。法律制度是社会行为的规范和约束机制，它反映了民族的法律观念、社会秩序和公正理念。社会规范是民族为了维护社会秩序和促进社会和谐而遵守的行为准则，它反映了民族的社会关系、道德观念和文化传统。精神层面是文化的核心和灵魂，它包括哲学思想、道德观念等。哲学思想是民族对于世界观、人生观和价值观的根本看法和理论体系，它反映了民族的思维方式、智慧水平和精神追求。道德观念是民族对于善恶、美丑、真假等问题的根本看法和评价标准，它反映了民族的价值取向、道德规范和文化传统。

物质、风俗习惯、制度和精神这四个方面相互关联、相互影响，共同构成了一个完整的文化结构。物质层面是文化的基础和载体，它为文化的其他方面提供了物质基础和表现形式。风俗习惯层面是文化的表现形式和传承方式，它通过节日庆典、礼仪和习俗等方式将文化传递给后代。制度层面是文化的组织形式和运行机制，它为文化的其他方面提供了组织保障和运行规则。精神层面是文化的核心和灵魂，它为文化的其他方面提供了价值取向和精神动力。

传统文化能够激发民族的爱国情感、自豪感和归属感，增强民族的凝聚力和向心力。传统文化是经济社会发展的重要支撑，它为经济社会发展提供了丰富的资源和独特的优势。传统文化能够促进民族的文化交流和文明对话。因此，应该更加重视传统文化的研究和传承。保护和发扬传统文化，在物质方面，要加强对传统建筑、服饰和饮食的研究和传承，保护和修复传统建筑，传承和发扬传统服饰和饮食文化；在风俗习惯方面，要加强对传统节日庆典、礼仪和习俗的研究和传承，传承和发扬传统节日庆典、礼仪和习俗文化；在制度方面，要加强对传统政治制度、法律制度和社会规范的研究和传承，传承和发扬传统政治制度、法律制度和社会规范文化；在精神方面，要加强对传统哲学思想、道德观念的研究和传承，传承和发扬传统哲学思想、道德观念文化。同时，要深入挖掘和传承传统文化的深层结构。深层结构是民族在长期的历史发展过程中形成的心理基础和价值理念，它铭刻在每一个民族成员的心中，并外化于他们的日常行动中。要通过深入研究传统文化的历史、哲学等方面，挖掘和传承传统文化的深层结构，弘扬和传承传统文化的核心价值观和思想精髓。只有这样，才能更好地理解和把握传统文化的本质，才能更好地发挥传统文化的作用，推动社会的进步和发展。要将传统文化与现代文化相结合，推动传统文化的创造性转化和创新性发展，使传统文化在现代社会焕发出新的生机和活力。加强对传统文化的教育和传播，让更多的人了解和认同传统文化，增强民族的文化自信和自豪感。加强传统文化的保护和传承，防止传统文化在现代化进程中流失和消亡，使传统文化得以世代相传，为民族的发展和繁荣做出更大的贡献。

文化结构的研究对于理解人类社会的文化发展具有重要意义。通过对文化结构的研究，可以更深入地理解不同文化之间的差异和相似之处，从而促进文化的交流和理解。同时，文化结构的研究也有助于更好地理解人类社会的演变和发展，为文化保护和传承提供理论支持。文化结构是文化研究中的一个重要概念，它描述了不同文化要素或文化丛之间的秩序关系。文化要素或文化丛是文化的组成部分，可以是物质的文化现象，如建筑、服饰、饮食等，也可以是非物质的文化现象，如语言、艺术等。文化结构将这些文化要素或文化丛有机地组织在一起，形成了具有特定功能和意义的文化体系。文化结构的研究不仅要关注文化要素或文化丛的个体特征，还要关注它们之间的相互关系和相互作用，以及它们在整个文化体系中的地位和作用。文化结构的表层结构和深层结构相互关联、相互影响，共同构成了一个完整的文化体系。表层结构是深层结构的外化和表现，它反映了深层结构的内容和特征。同时，表层结构也会对深层结构产生影响，它塑造和强化了民族的心理基础和价值理念。因此，要深入了解一个民族的文化，就不能只看到它的表层，还要深入它的深层结构。通过对文化结构的研究，可以更好地理解人类社会和文化发展。人类社会是一个复杂的系统，文化是其中的重要组成部分。文化结构的研究可以帮助理解不同文化之间的差异和相似之处，从而促进文化的交流和理解。同时，文化结构的研究也可以帮助理解人类社会的演变和发展。人类社会的发展是一个不断变化的过程，文化结构的研究可以帮助理解这个过程中的文化变革和文化传承，为文化保护和传承提供理论支持。

物质文化作为文化表层结构的外部体现，是人类创造的物质财富的总和。它不仅展示了人类在特定历史时期利用和改造自然的能力，还反映了社会生产力水平、劳动技能和技术的性质。这种文化是历史的产物，具有历史的延续性和各民族独特的传统特征。从原始社会的简单工具和住所，到农业社会的土地开发与建筑技术，再到工业社会的机械化生产和城市化进程，以及信息社会的数字化和网络化生活，物质文化的进展见证了人类社会的不断进步和变迁。物质文化不仅是人类生存的基础，也是文明发展的重要组成部分，直接影响着人们的生活方式、生产方式和社会结构。

风俗习惯作为文化的重要组成部分，包括个人或集体的传统风尚、礼仪和习惯。这些习俗以传统为基础，受社会期望影响着个体行为模式，呈现出明显的民族和地域特色。民族风俗、节日习俗及传统礼仪等，经过漫长历史过程的积累形成，对社会成员的行为具有强大的约束力。风俗习惯不仅是历史传承，也是文化的体现，反映了民族性格、生活方式和社会价值观。其变化通常与社会变迁和文化交流密切相关，既保持了民族特色，又吸收了外来文化的影响。

制度文化是人类在实践生活中建立起来的各种社会规范，是全体社会成员必须遵守的行为准则。制度文化体现了精神文化在规范层面上的具体表现，具有多层次性。从国家层面的法律体系到地方性的法规，这些规范指导着不同群体在生产、生活和工作中的行为，确保人们通过可接受的方式相互交流和互动，维持社会有序运行。制度文化不仅是社会管理的工具，也是社会秩序和稳定的保障。它反映了社会的权力结构、价值观念和社会关系，其变迁反映了社会结构和权力关系的演变。

物质文化、风俗习惯和制度文化三者相互关联、相互影响，共同构成了文化的表层结构。物质文化为人类提供了生存和发展的物质基础，风俗习惯规范了人们的行为模式和生活方式，制度文化则保障了社会秩序和稳定。这三者共同体现了人类社会的文化特色和文明程度，也展示了人类对自然界的认知、利用和改造能力。通过研究物质文化、风俗习惯和制度文化，我们能更好地理解人类社会的演变和发展，为文化的保护和传承提供理论支持。

精神文化作为文化的深层次结构，处于其核心地位，是文化的灵魂，承载了人类所有心理感受、思想观念等精神内涵。在广义上，精神文化指的是物质层面以外的所有文化现象；而在狭义上，则特指那些集成了人类心理、思想等精神元素的文化表达。

精神文化是人类对世界认知、生命理解和价值追求的体现。意识形态被理性提炼为抽象概念，涵盖政治理论、法权观念等基础意识形态，以及更高层次的哲学、文学和艺术形式。这些意识形态不仅决定了制度文化的形成，也经历了社会意识形态文化的深厚沉淀。

文化的四个层次——物质文化、风俗习惯、制度文化和精神文化，彼此之间相依、相辅、相成。物质文化作为表层结构，易于变革和传播；风俗习惯和制度文化则连接了物质与精神文化，塑造了文化整体的特性；而精神文化则是文化的核心，将这些层次统一起来，其深层的心理结构被视为整合各方面元素的"隐形力量"。通过深入研究精神文化，我们能更好地理解人类的心理、思想和价值观，从而为文化的保护和传承提供理论支持。

四、文化的功能

文化功能指的是文化在满足人类生存和人类社会发展历程中所体现的价值、作用和效果。文化是一个复杂且多维的现象，具备多种重要功能，包括认知、规范、教育和凝聚力功能。认知功能是指文化在帮助人类认识和理解世界中的作用。文化通过语言、符号、艺术等方式传递知识和信息，帮助人们认识自然、社会和自我。语言文字是文化的重要载体，它不仅是一种交流思想的工具，也是文化传承和表达的重要手段。通过语言、文字，人们能够表达自己的思想和感情，传递知识和信息，从而促进人类对世界的认知和理解。艺术作为一种特殊的文化形式，通过音乐、舞蹈、绘画等方式激发人们的想象力和创造力，丰富人们的精神世界，提高人们的审美能力。规范功能是指文化通过风俗习惯、制度、法律等方式，规范和指导人们的行为和生活方式。风俗习惯是人们在长期生活中形成的行为规范和社会习惯，它们体现了民族的性格特征和生活方式。制度是人类社会的一种组织形式和运行机制，它包括政治制度、法律制度、社会规范等，它们是文化的重要组成部分，对于维护社会秩序和促进社会和谐起着重要作用。法律制度是社会行为的规范和约束机制，它反映了民族的法律观念、社会秩序和公正理念。通过规范功能，文化能够引导人们遵循社会规范和价值观，促进社会秩序与和谐社会建立。教育功能是指文化在培养和塑造人类思想和价值观中的作用。文化通过教育、传播等方式，培养和塑造人们的思想、价值观和道德观念。教育是文化传承的重要途径，它通过学校教育、家庭教育、社会教育等方式，传递文化知识和价值观念，培养人们的思维方式和行为习惯。文化传播是文化传承和扩散的重要方式，它通过媒体、艺术、文化交流等方式，传播文化信息和文化价值，影响人们的思想和行为。凝聚力功能是指文化在促进社会团结和增强凝聚力中的作用。文化通过共同的价值观、信仰、传统等方式，促进社会成员之间的相互认同和团结，增强社会的凝聚力。共同的价值观和信仰是社会团结的重要基础，它们能够激发人们的爱国情感、自豪感和归属感，促进社会成员之间的相互理解和尊重。传统文化是一个民族的精神支柱和历史记忆，它承载着民族的传统、智慧和经验，对于增强民族凝聚力和创造力具有重要作用。文化的认知功能、规范功能、教育功能和凝聚力功能相互关联、相互作用，共同构成了文化的整体功能。通过对文化功能的研究，可以更好地理解文化的作用和意义，为文化的保护和传承提供理论支持。

  文化的认知作用展示了人类智慧的精髓。它不仅扩展了人们的视野，启迪了智慧的火花，充实了情感的世界，调整了人们的生活方式，还增强了人们理解和塑造客观与主观世界的能力。文化作为一种精神力量，在人类历史发展过程中起着至关重要的作用。人类通过学习文化的方式，逐渐地认识自然，认识社会，认识自身，认识世界。文化的认知功能体现在各个方面，如哲学、天文学、医学、艺术等。哲学是文化的思考者，它使人们学会思考人生，启迪智慧。哲学是对世界的基本问题进行深入思考和系统回答的学科，它关注的是人类存在、知识、价值、理性、心灵、语言等根本问题。哲学通过逻辑推理和概念分析，提供了一种理性思考的模式，使人们能够对人生有更深刻的理解和洞察。天文学是文化的观察者，它让人们认识宇宙，认识人生的渺小。天文学是研究宇宙的学科，它通过观测天体的运动和性质，探索宇宙的起源、结构和演化。天文学的发现不仅揭示了宇宙的奥秘，也使人们对自己的存在有了更广阔的认识，意识到人类只是宇宙中的一粒尘埃。医学是文化的探索者，它引导人们探索人类自身的奥秘。医学是研究人类生命现象和疾病治疗的学科，它通过科学方法探索人体的结构、功能和疾病产生的原因，为人类的健康和生命延长提供了可能。医学的进步不仅提高了人类的生存质量，也使人们对自身的认识不断深化。艺术是文化的创造者，它让人们在寻找美，体验美的愉悦中获得自我满足。艺术是人类创造的一种精神表达形式，它通过音乐、绘画、舞蹈、戏剧等方式，传递美的感受和情感体验。艺术不仅丰富了人类的精神生活，也激发了人们的创造力和想象力。随着人类不断拓展认知领域，认知能力也随之深化和扩展。这种深化和扩展不仅提升了人们认识世界和改变世界的质量，还加快了这一过程，带来了人类生活的巨大变革。从最初的望远镜到现代的射电望远镜，从显微镜到高级的CT扫描仪，从古老的算盘到高效的电子计算机，从初创的航天飞机到火星探测器，这一切无不彰显了人类文化认知能力的进步。它们不仅展示了人类对世界的深入认识，也体现了人类对自身能力的不断超越。文化的认知功能是人类智慧的结晶，它使人类能够不断探索和发现，不断超越和突破，不断创造和创新。

文化的规范作用在于社会结构中的制度、风俗习惯、伦理道德和价值观念，对塑造和限制人类行为模式具有重要作用。文化是人类为了创造良好环境而发展出来的产物，这种环境不仅包括自然环境，还涵盖了由人类共同构成的社会环境。人类需要处理与自然界的关系，更需要协调人际和社会关系。因此，人类总结出一系列处理这些关系的规范，通过制度化方式进行规范，同时形成了各种民俗文化和伦理道德观念，这些观念对社会有着非强制性的约束作用。文化通过强制和非强制的规范方式，塑造和约束人们的行为。因此，在现实生活中，不存在能够完全摆脱文化规范的"超人"。社会制度是文化规范功能的重要组成部分，它是人类为了维护社会秩序和促进社会和谐而建立的一系列规范和规则。社会制度包括政治制度、法律制度、经济制度、教育制度等，它们规定了人们在社会生活中的权利和义务，规范了人们的行为和生活方式。政治制度是国家政权的组织形式和运行机制，它决定了国家的权力结构和治理方式。法律制度是社会行为的规范和约束机制，它反映了社会的法律观念和公正理念。经济制度是社会生产关系的总和，它决定了社会的生产方式和分配方式。教育制度是社会培养和发展人才的规范和机制，它反映了社会的教育观念和发展理念。风俗习惯是文化规范功能的另一种表现形式，它是人们在长期生活中形成的行为规范和社会习惯。风俗习惯包括节日庆典、礼仪、习俗等，它们体现了民族成员的性格特征和生活方式。节日庆典是为了纪念重要事件和表达情感而举行的活动，它反映了民族的历史传统和文化特色。礼仪是为了表达尊重和友好而遵守的行为规范，它反映了民族成员的人际关系和社会秩序。习俗是民族成员在长期生活中形成的行为习惯和社会规范，它反映了民族成员的价值观和社会观念。伦理道德是文化规范功能的核心内容，它是人们对于善恶、美丑、真假等问题的根本看法和评价标准。伦理道德包括道德观念、道德规范和道德教育等，它们构成了社会的道德体系和道德观念。道德观念反映了社会的价值取向和道德追求，是社会对于个人和集体行为的道德要求，它规定了人们在社会生活中的行为准则和道德标准。道德教育是社会培养和发展人们的道德品质和道德能力的教育活动，它反映了社会的道德观念和教育理念。价值观念是文化规范功能的精神支柱，它是人们对于人生意义、生活目标、社会理想等问题的根本看法和评价标准。价值观念包括个人价值观、社会价值观和人类价值观等，它们构成了社会的价值体系和价值观念。个人价值观是个人对于人生意义、生活目标、个人理想等问题的根本看法和评价标准，它反映了个人的人生观和价值观。社会价值观是社会对于社会意义、社会目标、社会理想等问题的根本看法和评价标准，它反映了社会的价值取向和社会观念。价值观是人类对于人类意义、人类目标、人类理想等问题的根本看法和评价标准，它反映了人类的价值追求和人类观念。文化的规范功能通过社会制度、风俗习惯、伦理道德和价值观念等方面对人类行为模式进行制约和模塑。文化规范功能使人们在社会生活中遵循社会规范和价值观，促进社会秩序与和谐社会建立。

教育功能是文化的重要功能之一，它体现在文化对人的影响、塑造和自我完善的推动作用。文化作为一种由人创造的环境，对人的行为、思想和价值观产生反作用和制约。文化不仅是个人接受教育的自觉过程，也通过社会环境等方式深入人心，悄然影响个体，潜移默化地塑造着人们的思想和行为，这种无形的教育过程促使个体不断融入社会，逐步成为社会的一部分。文化教育功能的核心在于其对人的认知、情感、价值观和行为方式的塑造。文化通过各种形式，如文学、艺术、哲学等，传递知识、价值观和人生观，对人的认知和思维方式产生影响。文学作品通过情节、人物和主题，传递作者对世界的认知和价值观，影响读者的世界观和人生观。艺术作品通过形式、色彩和构图，表达艺术家对美的追求和情感，影响观众的情感和审美观。哲学则通过理论和教义，探讨人生的意义和宇宙的奥秘，影响人的价值观和信仰。文化教育功能的实现不仅依赖自觉接受，更重要的是通过社会环境和文化氛围的熏陶。社会环境和文化氛围是文化教育功能的重要载体，通过日常生活、风俗习惯和人际交往等方式，对人的行为和价值观产生影响。文化教育功能的实现还体现在人的社会化过程中。社会化是指个体在社会环境中学习和适应社会规范和价值观的过程。文化通过社会化过程，使个体逐渐接受社会规范和价值观，形成符合社会要求的行为方式和思维方式。文化教育功能在个体社会化过程中起着关键作用，它使个体能够融入社会，成为社会的一部分。文化教育功能不仅局限于个体，还体现在对社会整体的塑造。文化通过社会环境和文化氛围，影响社会整体的价值观和行为方式。文化教育功能对社会整体的塑造作用体现在社会规范的建立、社会价值观的传播和社会和谐的促进等方面。文化教育功能对社会整体的塑造作用，使社会成为一个具有共同价值观和行为规范的有机整体。总之，文化教育功能是文化的重要功能之一，它通过对个体的影响、社会环境的作用和个体社会化的推动，实现对人的认知、情感、价值观和行为方式的塑造。文化教育功能使个体在社会中不断学习和适应，成为社会的一部分。

文化的凝聚力功能是一种重要的社会力量，通过创造共同的文化环境、氛围和认同感，将整个社会团结在一起。这种功能不仅是文化教化的延伸，更是使其享相同文化背景的人们在共同的价值体系中获得教育，形成共同的精神特质、思想观念、道德标准和社会伦理。这种共识为他们的思维方式和核心价值观奠定了共同的基础，进而形成了稳定的民族认同感。这种紧密团结产生了强大的集体认同力量，使全社会能够团结一致，抵御外部压力，推动民族文化的持续繁荣与发展。文化的凝聚力功能体现在文化环境和文化氛围中。文化环境和文化氛围是文化凝聚力功能的重要载体，它们通过日常生活、风俗习惯和人际交往等方式，对人的行为和价值观产生影响。文化环境和文化氛围的形成与民族的历史、地理、社会结构和文化传统等因素密切相关。它们为人们提供了共同的文化背景和交流平台，使人们能够共享文化资源，共同参与文化活动，共同传承文化传统。文化的凝聚力功能还体现在文化认同上。文化认同是文化凝聚功能的核心，它是指人们对自身文化传统、文化价值和文化的认同和归属感。文化认同的形成与民族的历史、地理、社会结构和文化传统等因素密切相关。文化认同使人们在面对外部文化的影响和挑战时，能够保持自己的文化特色和价值观，从而形成一种稳定的民族认同和团结。

调控功能指的是文化在社会群体中的重要作用，通过制定行为准则、道德标准和建立社会规范来确保社会的正常有序运行和良性发展。文化的调控功能具体体现在四个方面：首先，文化调整人类与自然界的关系，促进人与自然的和谐共生。在人类社会的发展过程中，人与自然的关系一直是重要的议题。文化通过倡导尊重自然、保护环境的理念，引导人们正确处理人与自然的关系，实现人与自然的和谐共生。这种调控功能体现在环保意识的培养、可持续发展理念的推广及绿色生活方式的倡导等方面。其次，文化调控个人与群体的关系，使个人与群体相辅相成、共生共荣。在现代社会，个人与群体的关系日益紧密，文化通过强调集体主义、社会责任感等价值观，引导个人在追求个人发展的同时，关注群体利益和社会福祉。这种调控功能体现在团队合作精神的培养、社会公正观念的推广及公民意识的提高等方面。再次，文化调控不同族群之间的关系，促进世界各个族群的共同繁荣发展。在全球化的背景下，不同族群之间的交流与合作日益频繁，文化通过倡导多元文化共存、包容和尊重差异的理念，促进不同族群之间的和谐相处。这种调控功能体现在跨文化沟通能力的培养、多元文化教育的推广及文化多样性的保护等方面。最后，文化调控个人身心的平衡，调节缓和个人自身内在需求和外在现实之间的矛盾。在现代社会，人们面临着各种各样的压力和挑战，文化通过倡导心理健康、积极生活等理念，引导个人正确处理内在需求和外在现实之间的矛盾，实现身心的平衡。这种调控功能体现在心理健康教育的推广、积极生活理念的倡导，以及个人成长和自我实现的追求等方面。

总之，文化在社会群体中的调控功能体现在调控人与自然的关系、个人与群体的关系、不同族群之间的关系以及个人身心的平衡等方面。通过这种调控功能，文化能够确保社会在正常有序的秩序中实现良性的运行发展。

第二节 传统与现代的互动：文化生命的延续

一、传统与传统文化

1. 传统的含义

人类生活在现实世界中，传统无处不在，如同环绕着我们的空气一般，它悄然影响并塑造着每个人的生活轨迹。传统是一个民族文化的宝藏，是历代人民创造的精神、思想、价值观念和行为准则的集合。这些元素在民族漫长的历史过程中不断积累、沉淀，成为其文化基石，保持着持久而稳定的特性。传统不仅在代与代之间、历史阶段之间保持着连续性和一致性，连接着社会的根基结构，而且还为社会的自我更新和发展提供了深刻的启示。传统是人类生存与发展的秩序和意义的重要构成。简言之，它是代代相传的精髓，是从过去传承至今的宝贵财富。传统是文化的根基，是民族的精神支柱。它是历史和现实的交汇点，是过去与未来的桥梁。传统不仅是物质的，更是精神的，它包含了民族的记忆、情感和智慧。传统通过语言、习俗、节日、建筑、艺术等形式，传承着民族的历史和文化，塑造着民族的性格和价值观。传统使民族具有独特的认同感和凝聚力，使民族成员在心理上和情感上紧密相连。

传统是文化的传承和发展。它不仅仅是一种静态的存在，更是一种动态的过程。传统在传承中发展，在发展中传承。传统在历史的长河中不断地被重新解释和创造，适应着时代的需求和变化。传统通过教育、媒体、文化交流等方式，影响着新一代的成长和发展，为他们提供了文化的滋养和指引。

传统是文化的多样性和丰富性的体现。世界上有无数个民族和地区，每个民族和地区都有自己独特的传统。这些传统相互交融、相互影响，共同构成了人类文化的多样性和丰富性。传统使世界变得更加丰富多彩，也使人们的生活更加充满活力和意义。传统是文化的力量和智慧。传统中蕴含着民族在长期的历史实践中积累的智慧和经验。传统是民族在面对挑战和困境时的力量源泉，它激励着民族成员勇往直前，不断进取。传统中的智慧使民族能够在复杂多变的世界中找到自己的位置，实现自己的价值和目标。

传统是流动于过去、现在、未来的一个过程，而不是在过去就已经凝结成型的一种实体。传统在时间的长河中不断地被重新解释和创造，适应着时代的需求和变化。传统在传承中发展，在发展中传承，它是文化的核心，是文化传承的纽带。只有坚持传统，才能保持文化的连续性和传承性。同时，传统也是文化创新的基础。只有对传统进行深入研究和理解，才能在传统的基础上进行创新，发展出新的文化形式和内容。传统是文化进步的基石，是文化创新的源泉。每一代人都应该继承和发扬传统，也要根据时代的需要进行创新。只有这样，文化才能不断发展，不断进步。通过对传统的继承和创新，可以为社会带来更多的文化价值和精神财富。儒家文化作为中华文化的代表，其核心价值观和行为规范已经深深地影响了中国的政治、经济和社会。仁、义、礼、智、信等核心价值观，以及孝道、中庸之道等行为规范，已经成为中国人行为方式和价值观念的重要组成部分。儒家文化强调人与人之间的关系，注重道德修养和行为规范，对于维护社会秩序和促进社会和谐具有重要作用。儒家文化的发展历程也体现了文化的传承和创新。从先秦儒学到现代新儒学，儒家文化在不同的历史时期都进行了创新和发展。先秦儒学强调道德修养和行为规范，汉唐经学注重经典研究和教育，宋明理学强调哲学思想和道德理念，清初朴学注重实践和实证，近代新经学注重中西文化的融合，现代新儒学强调现代性和创新。这些不同的发展阶段，都体现了儒家文化在传承中创新，在创新中传承的特点。儒家文化的传承和创新，不仅对于中国政治、经济和社会产生了巨大影响，也对世界文化产生了深远的影响。儒家文化强调道德修养和行为规范，对于促进社会和谐和稳定具有重要作用。儒家文化的价值观和行为规范，已经成为全球华人社区的重要特征，对于维护华人社区的团结和和谐具有重要作用。

因此，应该更加重视儒家文化的传承和创新。要继承和发扬儒家文化中的核心价值观和行为规范，也要根据时代的需要进行创新。只有这样，才能更好地传承和发展儒家文化，并通过对儒家文化的传承和创新，为全社会带来更多的文化价值和精神财富。

2. 传统的特征

从最基本的层面上理解，传统是历史的重复和持续，具有以下显性特征。

第一，延续性与凝聚力。传统展现了民族和文化的凝聚力，是时间和空间中的持续流动。它深深植根于人类基因中，代代相传。传统是文化传承的纽带，确保文化的延续性和连贯性。没有传统，文化将失去其根基和持续性。

第二，历史的惯性运动。传统以其独特的方式长时间延续，体现了历史重复的惯性。随着时间的推移，传统不断被重新诠释和创新，以适应时代的需求和变迁。

第三，文化的自我延续。不同类型的文化在各自的演进中，形成延续自身血脉和基因的传统。传统要成为文化的一部分，通常需要经历至少三代人两次延传的过程。

这些特征使传统在人类文明中扮演着重要角色，不断塑造和定义着我们的身份和价值观。这些传统不仅包括物质文化的传统，如建筑、服饰、饮食等，还包括制度文化的传统，如政治制度、法律制度、社会规范等，以及精神文化的传统，如哲学思想、道德观念等。这些特征共同构成了文化的独特性和延续性。

传统是一个充满活力的概念。在人类社会的长河中，传统从未停止过变革与发展。正如吉登斯所指出的，"传统总是在变化之中"。没有一成不变的传统，每一种传统都会在不同的时空背景中经历内容和结构的演变。这是因为那些汲取了传统精华的人们，不断努力于创新与改进，以期在原有基础上创造更真实、更完善、更便利的事物。那些死守旧有方式的传统正在逐渐减少，而传统在变革中不断丰富与完善。它在历史的长河中持续延续与更新，不仅存在于现在和过去，也蕴含着未来的可能性。传统，作为一种历史沉淀的精神气质和思想观念，它在人类社会的发展过程中起着重要的作用。

作为一种行为准则，传统为人们的生活提供了明确的指引，使人们在社会互动中能够遵循一定的规范，保持社会的和谐与秩序。它教导人们尊重长辈、关爱弱者、忠诚于朋友，以及遵循社会公德，这些传统美德构成了社会稳定和发展的基础。同时，传统作为一种价值导向，它塑造了人们的价值观和世界观，影响了人们对美、善、真的理解和追求。它使人们在面对道德困境和选择时，能够有所依据，做出符合社会期望的决策。此外，传统还是人们精神的依托和思想的指引。在快速变化的社会中，人们常常感到迷茫和不安，而传统则像一座灯塔，为人们指引方向，提供心灵慰藉。它通过节日庆典、艺术表演等形式，强化人们的共同体意识，增强社会的凝聚力。传统也是创新和创造的源泉，它鼓励人们对历史和文化遗产进行深入研究和理解，从而激发出新的思想和创意。

社会的每一次变革，无论是科技的进步、经济的发展，还是政治制度的更迭，都会对传统产生影响。为了适应新的社会环境，传统必须进行调整和改变。这种变化有时是自然而然的，有时则需要人们有意识地推动。例如，随着科技的发展，许多传统文化形式如书籍、音乐、绘画等都在数字化浪潮中找到了新的表达方式，这既保留了传统的核心价值，又使其更加符合现代人的需求。传统在变化的过程中，不仅受内部因素的影响，也受外部环境的挑战。在全球化背景下，不同文化之间会发生更加深入的交流和互动，这既是传统的危机，也是转型的契机。传统的存续不在于固守原貌，而要在坚持自身特色的基础上，以兼容并包的胸怀通过动态调适，在全球化与本土化化、保护和创新之间找到平衡。无论传统如何变化，它都必须坚守那些历经时间考验的普世价值，如诚信、正义、尊重、和谐等。这些价值是传统得以延续的基石，也是传统能够继续为社会带来积极影响的保证。同时，传统还必须适应社会的需要，满足人们的精神和文化需求。这意味着传统不仅要保持其本质的精神内涵，还要在形式和内容上进行创新，以适应不断变化的社会环境。在历史的长河中，可以看到许多传统的变迁和发展。

传统不仅具有显性特征，还具有隐性特征，具体如下：

（1）同一性

一个社会的传统，是历史长河中形成的各种文化现象和思想观念的集合。在这个多元化的社会中，存在着多种形式的传统，它们相互交织、相互影响，共同构成了一个社会的文化景观。在这些传统中，有一种传统占据着主导地位，它的影响力渗透到社会的方方面面，影响着其他传统的变化和发展。这种主导地位的传统，就是所说的文化特质。文化特质是一个社会的灵魂，它决定了一个社会的价值观、道德观和行为规范。作为一种时间链，传统在历史的变迁中不断发展，但这种发展并非杂乱无章，而是围绕着一个被接受和相传的主体展开的。这个主体就是文化特质，它是传统的核心，是传统得以延续和发展的基石。在传统的传承过程中，会出现一系列变体。这些变体之间的联系在于它们的共同主题，在于表现什么和偏离什么的相近性，在于它们同出一源。这种同源性使传统在延传和承袭的过程中，能够保持基本的文化特质，从而使社会在历史的长河中保持着一定的连续性和稳定性。从外部观察者的角度来看，一个社会的传统在历史的各个阶段或历程中，基本上保持着同一性。这种同一性并非一成不变，而是在不断的发展变化中，保持着一种动态的平衡。在这个过程中，文化特质起着至关重要的作用，它使传统在变化中不失其根本，从而使社会能够在不断的变革中保持着自己的文化特色。总之，一个社会的传统是多元化的，其中文化特质占据着主导地位，影响着其他传统的变化和发展。作为一种时间链，传统在历史的变迁中，保持着一种动态的平衡，使社会在不断的变革中保持着文化的连续性和稳定性。这种平衡和稳定，是一个社会健康发展的重要保障，也是传承和发展传统文化的重要任务。

（2）规范性

规范性是一种被广泛接受的行为模式，它代表了真理的一种形式，延续至今，贯穿历史长河。这种模式涵盖了精神气质、思想观念、制度礼仪、风俗习惯及语言文字等多方面内容的集成。这些元素构成了一个完整的价值和行为规范系统，不仅描述了事实，还蕴含了科学的原则。传统的最终目的在于鼓励人们认可和遵循它，引导并规范人们的行为。在传承过程中，通过反复强调和持续传承，增强了规范性的影响力，为个体树立了清晰的价值取向和行为准则。这种规范性的实现，有时是出于规范性意图的结果，有时则是个体对规范性传统的表达和接受。正是这种规范性的传承，将已逝去的一代与当下的人们紧密连接，构成了社会基本结构中跨越时空的纽带。传统在历史长河中扮演着至关重要的角色。它是一个社会的灵魂，是文化传承的核心。作为一种规范性的行为准则，传统引导着人们的行为和思想，塑造了社会的价值观和道德观。它不仅是对过去的记忆和经验的积累，更是对未来的期待和指引。传统不仅是历史的见证，也是社会的基石。它构成了一个社会的共同认同和归属感，使人们在多元化的社会中找到自己的位置。传统通过制度礼仪、风俗习惯和语言文字等形式，将人们紧密地联系在一起，形成了一种共同的身份认同。这种身份认同使人们在面对复杂多变的社会环境时，能够有所依据，有所遵循。

传统的传承是一个持续不断的过程。每一代人都承担着传承和发扬传统的责任。通过教育和实践，人们将传统传递给下一代，使其能够继续发展并传承下去。这种传承不仅是复制和重复，更是对传统的创新和发展。每一代人都在传统的基础上，结合时代的特点和需求，对其进行适当的调整和改革，使其能够适应不断变化的社会环境。传统的规范性效果是通过反复强调和强化来实现的。通过教育和宣传,社会不断强调传统的重要性和价值,使其成为人们行为和思想的准则。这种强调和强化不仅是在个体层面上进行的,更是在整个社会层面上进行的。通过法律、道德和社会规范等手段,社会对传统进行规范和引导,使其成为人们行为的规范。传统作为一种行为准则,是历史长河中积淀和传承下来的精神、思想、制度、礼仪、风俗和语言的综合体。它形成了一个完整的价值和行为规范系统,通过反复强调和强化,为人们确立了明确的价值导向和行为准则。

传统可以被视为历史的积淀,是每个人乃至每一代人所受到的教育,这种教育常常带有一种规范性的导向。这种引导不仅是对个体行为的规范,更是对整个社会行为的规范。它告诉人们什么是正确的,什么是错误的,什么是值得追求的,什么是应该避免的。它塑造人们的价值观、道德观和行为准则。当人类参与改变客观世界的过程时,他们往往会根据已有的主观标准来评估和理解这些改变,这似乎是一种不可避免的趋势。这种评价和理解不仅是对客观世界的认识,更是对人类自身行为的规范。它告诉人们应该如何对待自然,如何对待他人,如何对待自己。它告诉人们应该如何生活,如何工作,如何学习。如果失去了传统的规范性,人类在改变世界时创造的文化行为将变得难以预测。因此,传统在历史长河中反复强调其惯性,促使社会长期以来保持特定的秩序和模式,确保其良性运转。这种规范性不仅是对个体行为的规范,更是对整个社会行为的规范。

在人类社会的漫长历史中,传统作为一种不可或缺的规范性力量,扮演着极其重要的角色。它不仅为人们提供了一套明确的行为准则,更为人们指引了一种清晰的价值导向。这种价值导向和行为准则,如同指南针一般,引导着人们在面对复杂多变的社会环境时,能够有所依据,有所遵循,从而避免迷失方向。

传统,作为一种历史沉淀的精神气质和思想观念,它为人们提供了一种共同的身份认同和归属感。这种身份认同和归属感,使人们在多元化的社会中能够找到自己的位置，找到自己的归属。这不仅是对个体的一种安慰和指引，更是对社会整体的一种凝聚和整合。

（3）适应性

传统并非一成不变，它在历史的变迁中，也会发生变化。这种变化有时是适应社会发展的需要，有时则是受到外部环境的影响。但无论如何变化，传统都会保持其核心的价值和规范，以适应社会的需要。这种适应性和变异性，使传统能够延续至今，并在社会的运行中发挥重要作用。传统，作为一种规范性的行为准则和价值导向，是历史长河中不断沉淀和延续至今的精神气质、思想观念、制度礼仪、风俗习惯和语言文字等内容的总和。它在社会的运行过程中起着至关重要的作用，为人们提供了一种行为准则和价值导向，使人们在面对复杂多变的社会环境时能够有所依据，有所遵循。

总的来说，传统是历史的结晶，是文化的传承，是社会的纽带。它既是行为的准则，也是价值的导向。它既是身份的认同，也是归属的所在。它既是精神的依托，也是思想的指引。它是生活的指南，也是前进的动力。它是历史的见证，也是未来的希望。因此，我们应该珍视传统，传承传统，发扬传统，让传统在人们生活中继续发光发热，为社会发展和进步做出更大的贡献。

3. 传统文化

在现代社会中，中国传统文化面临着许多挑战和机遇。全球化的发展使中国传统文化与世界各地的文化交流和碰撞，这为中国传统文化的传承和发展带来了新的机遇和挑战。在这个过程中，中国传统文化必须展现出足够的弹性和包容性，吸收外来文化的精华，以丰富和完善自己。同时，中国传统文化也需要在保持自身特色的基础上，与其他文化进行对话和交流，以促进文化的多样性和世界的和平与发展。中国传统文化的变迁和发展是一个长期而复杂的过程，它涉及许多因素，如社会历史条件、文化传承机制、思想创新动力等。在未来的发展中，应该珍视中国传统文化，传承中国传统文化的核心价值和优秀传统，同时也要勇于创新，使中国传统文化在新的时代背景下焕发出新的活力和魅力。

传统文化是历史的产物，经过长期发展形成，涵盖了社会结构稳定、精神心理、意识形态、思维方式、价值取向、社会行为、道德伦理、规章礼仪等各方面的理论化和非理论化成果。它不断汲取历史长河中的精华，逐步演化并形成独特的文化特色。每个民族的传统文化都具有其独特的内涵和主流精神，这是其最重要的组成要素。例如，中国的传统文化强调仁爱、忠诚、和谐、中庸等价值观念，这些价值观念在中国社会的历史发展中起到了重要的作用，影响了中国人的生活方式和思维方式。同样，西方的传统文化强调自由、平等、人权、法治等价值观念，这些价值观念在西方社会的历史发展中起到了重要的作用，影响了西方人的生活方式和思维方式。传统文化不仅是可见的科技、建筑、文学和艺术等成果，还涵盖了深藏在人们内心深处的道德伦理、审美取向、心理趋向和思想观念等。这些价值观和信念通过日常的教育和社会规范，悄然渗透到人们的思想深处。例如，中国的传统文化不仅包括长城、故宫、论语、唐诗等物质和精神方面的成果，还包括孝道、礼仪、忠诚、和谐等道德伦理和价值观念，这些道德伦理和价值观念在中国人的日常生活中得到了广泛的传承和实践。传统文化是一个民族内在的灵魂支柱，承载着丰富的历史记忆、智慧的文化遗产及道德伦理的深刻内涵，是民族凝聚和创造的源泉。因此，我们应当怀着珍视之心传承传统文化的核心价值和卓越传统，同时敢于创新，让传统文化在当代背景下焕发出新的生命力和吸引力。

在对传统文化进行解释和分析时，常常会与文化传统的概念相混淆。庞朴在较早时期就提出了将这两者区分开来的观点。他指出，传统文化是指过去已经完成的东西，是"死的"，而文化传统则是"活的"东西。这一见解得到了汤一介和丁守和的赞同。汤一介认为，文化传统是指活跃在当代的文化，是一个动态的流向；而传统文化则指已经过去的文化，是静态的。丁守和则认为，文化传统与传统文化在其范畴上有所不同。庞朴对传统文化与文化传统的区分，为理解文化的传承与发展提供了新的视角。传统文化，作为历史的积淀，是一个民族或国家在长期的历史发展过程中形成的、具有特定内涵与形式的文化遗产。它包括文学、艺术、哲学、道德、法律、习俗等各个方面的成就，是历史的见证，是文化的精髓。然而，传统文化并非一成不变，它在历史的长河中，会随着时代的变迁、社会的发展而发生变化。有些传统文化在历史的长河中逐渐消亡，有些则得以传承和发展，成为民族文化的基石。文化传统与传统文化相比，更强调文化的传承性和延续性。它是指在历史发展过程中不断被传承和发展的文化元素，是文化的生命力所在。文化传统是一个动态的过程，它包括了传统文化的传承、创新和发展。文化传统的核心在于文化的内在价值和生命力，它使文化在传承的过程中不断适应时代的变化，满足人们的精神需求。文化传统是文化的灵魂，是民族精神的体现。

汤一介对文化传统与传统文化的关系进行了深入的探讨，他强调文化传统的现实性和动态性，以及传统文化的历史性和静态性。文化传统是"活的"，它随着时代的发展而不断变化，是文化的生命力所在；传统文化是"死的"，它是历史的积淀，是文化的基础。文化传统与传统文化是相辅相成的，文化传统的存在和发展离不开传统文化的基础，传统文化的传承和发展也需要文化传统的推动。丁守和先生则从范畴的角度对文化传统与传统文化进行了区分。他认为，文化传统与传统文化两者的不同主要体现在范畴上。传统文化是一个广泛的概念，包括了民族历史上所有的文化成就；而文化传统则更侧重于文化的传承性和延续性，强调文化的内在价值和生命力。文化传统的范畴比传统文化小，但文化传统是传统文化的核心和灵魂。文化传统的存在和发展，是传统文化得以传承和发展的关键。

总的来说，传统文化与文化传统是两个既有联系又有区别的概念。传统文化是历史的积淀，是文化的精髓；文化传统则是文化的传承性和延续性，是文化的生命力所在。传统文化是静态的，是历史的见证；文化传统是动态的，是文化的流向。传统文化是文化传统的基础，文化传统是传统文化的推动力。只有深入理解和把握这两个概念，才能更好地理解和传承文化，推动文化的发展和创新。因此，文化传统主要涵盖传统文化中最稳定且最核心的思想和价值观，它们如同民族的血脉与基因。传统文化包括文化传统，文化传统则主要反映了传统文化的精神层面。这两者共同构成历史在当代的延续，具有社会的双重性，并且能够有效传承至今。

中国传统文化是中华民族历史长河中积淀的珍贵遗产。它源远流长，孕育于夏商时期，经历了两周的繁荣，定型于秦汉，又在清末迎来了转型。这一文化传承跨越了三千年的历史，见证了中华民族的兴衰荣辱，承载着中华民族的智慧与精神。中国传统文化不仅是历史的陈列品，它有着鲜活的生命力，影响着人们的生活，是中华民族历代先辈传承下来的丰富遗产。这些传统文化元素，无时无刻不在影响着人们的生活方式和社会发展，为人们提供了丰富的历史背景和历史资源。中国传统文化是建设全新文化的基石。要继承和发扬传统文化的优秀元素，也要与时俱进，不断创新。要以传统文化为底蕴，汲取外来文化的精华，形成具有中国特色的社会主义文化，为实现中华民族伟大复兴的中国梦提供强大的精神力量。总之，中国传统文化是中华民族的宝贵财富，要珍视传统文化，传承传统文化，发扬传统文化，让传统文化在新时代焕发出新的光彩。

二、现代的含义与特征

1. 现代的含义

自从法国诗人兰波高呼"必须绝对的现代"以来，现代社会的问题已经演变为全球性挑战。在全球化浪潮的推动下，现代化与全球化密不可分，现代性问题不再仅限于特定国家或民族，而成为全人类共同面对的全球现象。在这一背景下，现代理论和现代化成为人们关注的核心。我国著名历史学家、现代化理论研究开拓者之一的罗荣渠先生认为,现代化并非单纯的工业化或西方化,而是一场涉及政治、经济、文化、社会结构等全方位的全球性变革,是传统农业文明向现代工业文明的整体转型。这种变革和转型包括但不限于民主化、法治化、工业化、都市化、经济普及、社会福利增加、社会阶层流动、教育普及、知识化、科技化、信息传播和人口管理等方面。罗荣渠对现代化的概括,正是对这一过程全面而深刻的诠释。现代性,是现代化追求的目标,它是现代化进程中的静态成果,体现在社会制度、观念、价值观等方面。现代性是一种理想状态,是人们在追求现代化过程中希望实现的目标。在这个过程中,现代性与现代化相互促进,共同推动社会向前发展。面对现代性的挑战,各国都在努力寻求适合自己国情的现代化道路。在这一过程中,传统文化与现代文明的碰撞与融合成为关键。如何在保持民族特色的同时,实现现代化,成为各个国家和民族必须面对的问题。中国在追求现代化的过程中,既传承了中华民族优秀传统文化,又充分吸收了现代文明的成果,为全球现代化进程贡献了中国智慧。

然而,现代化进程并非一帆风顺。在全球化的背景下,各国之间的竞争愈发激烈,资源分配不均、环境污染、文化冲突等问题日益严重。这些问题对现代性的追求提出了更高的要求。需要在追求现代化的同时,关注社会全面发展,关注生态环境保护,关注文化多样性的保护,以实现可持续发展的现代化。现代化与现代性是现代社会发展的两大主题。在全球化的背景下,各国都在努力寻求适合自己的现代化道路。现代化是一个动态的过程,现代性则是追求的目标。在追求现代化的过程中,要充分挖掘传统文化的价值,实现传统文化与现代文明的有机结合,共同推动全球现代化进程。同时,还要关注现代化进程中出现的问题,努力实现可持续发展的现代化,为全人类创造一个更加美好的未来。

为了深入理解现代社会的本质和特征,学者们常常将社会发展的历史进程划分为前现代社会、现代社会和后现代社会三个阶段。这种划分虽然简化了对复杂社会变迁的认识,但也提供了一种宏观的视角来把握人类社会的发展脉络。在这个框架下,前现代社会或传统社会通常指的是工业化之前的社会形态,这个时期的社会以农耕经济为基础,政治上往往伴随着专制统治。在这样的背景下,社会现代化就被理解为从前现代社会向现代工业社会的全面转变,它标志着社会结构和社会关系的深刻革命,引发了经济、政治、文化等多个层面的根本性变革。

在现代化的浪潮中,社会结构和价值观念发生了巨大的变化。经济上,从依赖土地和农业的生产方式转变为依赖工业和技术的生产方式;政治上,从专制和集权走向民主和分权;文化上,从重视传统和权威转向强调个人权利和自由。这些变化不仅改变了社会的物质基础,也深刻影响了人们的生活方式、思维方式和社会关系。然而,现代化并非一个单向、线性的过程。在现代化进程中,不同国家和地区的发展路径各异,都面临着各自独特的挑战和问题。同时,现代化也带来了新的社会问题,如环境污染、资源枯竭、社会不平等、文化冲突等。这些问题要求在追求现代化的同时,关注人的全面发展、生态环境保护和文化多样性的保护,以实现可持续发展的现代化。总之,现代化是一个全面而深刻的社会变革过程,它涉及社会结构、社会关系、价值观念等多个层面的变化。学者们从不同的角度对现代化进程中的社会变迁进行了理论概括,为理解现代社会提供了重要的理论资源。在追求现代化的过程中,要充分认识到现代化进程的复杂性和多样性,同时关注现代化进程中出现的问题,努力实现可持续发展的现代化,为人类社会的未来发展创造更加美好的前景。

随着 20 世纪中叶西方工业化的基本完成,人类社会进入了所谓的后工业时代。在这一历史节点上,西方学者们开始从宏观的角度审视近代社会的变革过程,并提出了"现代化"的概念,这一概念在社会科学中具有重要意义。尽管学术界对于"现代化"的具体内涵有不同的看法,但普遍认同的观点是,现代化是一个动态的演变过程,它描述的是人类社会从传统向现代的过渡状态，以及与之相关的各种社会、经济、文化和政治变化。现代化的特征表现为一系列深刻的转变：在人的社会地位方面，从先天决定的等级制度转变为后天业绩决定的社会流动；在行为规范方面，从特殊主义转向普遍主义，即从依赖特定关系和身份的行为准则转向基于普遍原则和法律的行为准则；在社会形态上，从封闭且流动性不高的传统社会向开放且高度流动的现代社会的转变；在社会职业方面，从简单且稳定的职业结构演变为复杂且多变的形态；在社会阶级结构方面，传统的尊卑等级制度正在向追求平等的价值观念演变。

2. 现代的特征

美国学者丹尼尔·贝尔进一步将现代化社会的特征概括为五个方面：第一，现代化社会拥有一个自主成长的经济结构，这意味着经济体系能够自我持续增长和发展，不再依赖于外部力量；第二，现代化社会有一个公众参与的政治体系，民主成为政治生活的基础，民众能够有效地参与政治决策过程；第三，现代化社会具有一个足够流动的社会形态，社会成员能够根据个人能力和努力在社会阶层中上下流动；第四，现代化社会具有科学的思想观念，科学成为解释自然现象和社会现象的主要工具，传统权威的影响力相对减弱；第五，现代化社会具有能调适不断变迁的人格特征，个体能够适应快速变化的社会环境，展现出高度的适应性和创新能力。总的来说，现代化社会的五大特征——市场经济、民主政治、开放社会、科学观念和独立人格，与传统社会形成了鲜明对比。传统社会在上述诸方面与现代社会恰恰相反，它的经济结构往往依赖于自然资源和传统生产方式，政治体系通常是专制或威权的，社会形态相对封闭，思想观念受传统束缚，人格特征倾向于保守和遵从。现代化不仅是社会结构和制度的变化，更是人们思维方式、价值观念和行为模式的深刻转变。这种转变不仅是西方社会的特有现象，也是全球范围内许多国家和地区都在努力追求的目标。现代化进程不仅带来了经济繁荣和生活水平的提高，也带来了新的挑战和问题，如社会不平等、文化冲突、环境破坏等。因此，理解现代化的本质和特征，对于指导实现现代化目标，解决现代化进程中的问题，具有重要意义。

传统社会与现代社会之间的特征差异，在根本上取决于这两种社会的本质不同。现代视角认为，这种本质差异体现为合理与不合理、理性与非理性的对立。因此，有学者将合理性和理性视为现代社会与传统社会的关键区别。例如，18世纪的法国思想家孔多塞认为，人类精神的进步在于理性不断获得新的力量，逐步解脱束缚其的偏见、迷信和守旧观念等非合理因素。理性的解放不仅体现在科学进步上，还体现在科学理论应用的技术进步。德国社会学家马克斯·韦伯将"理性化"视为现代社会发展的核心动力。在经济领域，理性化意味着摒弃欺诈、强权和不义之举，而是通过理性手段追求正当的价值。在政治方面，理性化表现为法理权威取代传统权威。德国哲学家康德认为，现代社会的理性化不仅体现在国内社会秩序的合理化，随着人类文明的进步，理性精神也必然跨越国界，成为调和国际关系的重要准则。

康德认为，构建理性社会需要经历两个阶段。首先是从野蛮状态向文明社会转变，确保每个个体在不侵犯他人的前提下享有充分的权利和自由。然而，仅在特定社会内部确立文明还不足以应对国与国之间可能发生的野蛮对抗。因此，从理论上讲，一个完美的文明社会还需建立一个全球性的秩序体系，以合理化和规范化整个人类的利益，形成一个权力得到充分分享的全球联盟。尽管这一目标实现起来非常困难，但从第二次世界大战后联合国的成立，以及联合国宪章、国际法及各种国际公约的确立，国际社会开始建立可遵循的游戏规则，逐渐使康德的愿景成为现实。然而，现代社会与传统社会的差异不仅仅体现在合理性与理性上。在传统社会中，社会秩序、道德规范等往往是基于传统、习俗和权威的，而在现代社会中，人们更加注重个人权利、自由和平等。这种转变不仅体现在政治制度上，也体现在经济、文化、教育等各个领域。例如，在传统社会中，土地和财富往往是由家族或部落共同拥有和管理的，而在现代社会中，私有制和个人财产权得到了广泛的认可和保护。在文化方面，传统社会的文化传承往往是依靠口口相传、习俗和传统，而在现代社会中，人们更加注重知识和教育，通过学校、媒体等渠道获取和传播文化。此外，现代社会与传统社会在科技发展方面也存在巨大差异。传统社会的科技水平相对较低，生产方式以手工劳动和农业为主，而在现代社会中，科技的飞速发展改变了人们的生活方式和工作方式。工业革命的出现使生产力大大提高，机械化生产取代了手工劳动，人们的生活水平得到了极大的提高。随着科技的不断进步，现代社会进入了信息时代，互联网、智能手机等科技产品的普及使人们的生活更加便捷，信息传播更加迅速。在国际关系方面，现代社会与传统社会也存在明显差异。在传统社会中，各个国家之间的交往相对较少，且往往以战争、征服和统治为主。而在现代社会中，各个国家之间的合作与交流日益频繁，国际组织如联合国、世界贸易组织等的建立为国际合作提供了平台。同时，现代社会中的人们更加注重和平、友好和国际合作，以促进共同发展和繁荣。传统社会与现代社会在本质上的差异主要体现在合理性与理性、个人权利与自由、科技发展、国际关系等方面。这些差异使现代社会具有更加开放、包容、进步的特点，为人类的发展和进步提供了广阔的空间和可能性。

现代社会仍然存在许多问题和挑战，如贫富差距、环境污染、资源枯竭等。因此，需要不断努力，以合理性和理性为指导，推动社会的持续发展和进步，实现人类更加美好的未来。

三、传统与现代的互动

在进化论的影响下，人们在分析社会变迁和发展时常常将现代与传统对立起来。这种思维方式将社会历史视为一种线性进步，将人类的希望寄托于未知的未来，同时将过去视作落后和腐朽的象征。根据这种观点，新事物被认为绝对优于旧事物，新事物的发展不需要依赖传统，只需消除和取代一切旧事物，现代化才能达到。这种极端观点忽略了传统在历史发展中的重要作用，以及新旧事物之间的内在联系。

也有些人则认为传统是好的、优秀的，与现代格格不入。他们坚持认为，现代与传统不能共存，进入现代社会就意味着传统将完全消失，国家也将随之不国。这种观点同样是一种文化上的极端看法，未能意识到传统与现代之间存在的互动关系，以及传统在现代社会中的潜在价值。这两种极端文化观念的出现，反映了整个社会在面对现代化过程中的困惑与适应不足，思想和行动仍处于过渡阶段。在这个阶段，人们往往未能客观地看待这一历史进程中的变迁，也未能正确理解传统与现代之间的复杂关系。

事实上，传统与现代并不是完全对立的，它们之间存在着复杂而微妙的联系。传统与现代的关系，是一种动态的、辩证的互动过程。传统是历史的积淀，是文化传承的载体，它包含了丰富的文化、知识和经验。传统可以为现代社会提供宝贵的资源，为现代社会的创新和发展提供灵感。同时，现代社会也需要传统来维持社会稳定和秩序，传统可以提供一种共同的认同感和归属感，有助于社会的凝聚和和谐。正确看待传统与现代之间的关系，需要我们摒弃极端的观点，采取一种包容和开放的态度，我们应该尊重传统，也要积极拥抱现代。传统和现代可以相互融合，相互促进，共同构建一个更加和谐、进步的社会。在这个过程中，我们需要进行深入的思考和研究，理解传统与现代之间的内在联系，找到它们之间的平衡点。传统与现代之间的互动，可以促进社会的创新和发展，也可以维护社会的稳定和秩序。

传统，作为社会历史发展的积淀，承载着丰富的文化、知识和经验，它是人类社会不可或缺的宝贵财富。在现代社会中，传统不仅为社会的创新和发展提供了源源不断的灵感，也为社会稳定和秩序的维护提供了坚实的基础。传统作为一种共同的认同感和归属感，有助于社会的凝聚和和谐，为人们提供一种稳定的价值观念和道德准则。因此，传统与现代之间并非简单的替代关系，而是一种相互依存、相互影响的关系。当然，这种关系并非一成不变，而是随着社会的发展而不断演变。在不同的历史时期，传统与现代之间的关系呈现出不同的特点。在现代社会，随着科技的发展和社会的变革，传统与现代之间的关系更加紧密，相互影响更加深远。

传统，作为一种保守的力量，它凝聚着历史的沉淀，承载着社会的记忆，是文化传承的重要载体。它为社会的稳定和发展提供了坚实的基础，为人们的生活提供了丰富的资源和智慧。它也是一个前进的基地，为社会的创新和发展提供了源源不断的动力。从这个意义上说，传统既是包袱，又是财富。说传统是包袱，是因为它承载着历史的沉重，有时候会束缚人们的思想和行动，使人们陷入僵化和守旧的困境。将传统作为财富，是因为它蕴含着丰富的文化、知识和经验，可以为现代社会提供宝贵的资源，为现代社会的创新和发展提供灵感。同时，现代社会也需要传统来维持社会稳定和秩序，传统可以提供一种共同的认同感和归属感，有助于社会的凝聚和和谐。

传统与财富的关系并非绝对，而是相对存在的。有时候，我们很难准确定义财富的意义，也许包袱本身就是财富，甚至可能既是包袱又是财富。有时候，原本被视为负担的事物突然间可以变得神奇起来，转变为财富。这是因为传统内含诸多不确定因素，通过人为改善，顺应文化发展的规律，耐心地进行调适，使它变得越来越丰富多彩，充满生机。因此，传统并非僵化不变，而是一个持续成长的过程。传统在历史的长河中不断地演变和发展，它既保持了历史的连续性，又展现了时代的创新性。传统在不断地碰撞和融合中，形成了独特的文化特色，为社会的进步和发展提供了源源不断的动力。正确看待传统与财富之间的关系，需要我们摒弃极端的观点，采取一种包容和开放的态度。传统和现代可以相互融合，相互促进，共同构建一个更加和谐、进步的社会。在这个过程中，我们需要进行深入的思考和研究，理解传统与现代之间的内在联系，找到它们之间的平衡点。我们需要认识到，传统与现代之间的关系不是简单的替代关系，而是一种相互依存、相互影响的关系。传统与现代之间的互动，可以促进社会的创新和发展，也可以维护社会的稳定和秩序。

四、传承的内涵与原则

1. 传承的含义

在文化学的语境中,"传承"是一个极其常见的词汇,通常与文化紧密联系在一起。对于传统文化而言,"传承"是其代代相传的重要方式。然而,迄今为止,尚未有确切的定义能够完全涵盖"传承"的含义。从文字学的角度来看,"传承"一词的含义颇为丰富。在字面上,"传"字最初的意思是传递技艺的人,如《说文解字》将其解释为:"遽也。辵部曰。遽,传也。传遽,若今时乘传车驿马的使者。"《周礼·秋官·行夫》中亦有:"掌邦国传遽之小事媺恶而无礼者。"因此,"传"的首要意义是传递、传送,如《孟子·公孙丑上》中所述:"速于置邮而传命。"而这种传递仅停留在物质层面。从精神层面来看,"传"逐渐演变为传授的意义,如"师者,所以传道授业解惑也。"随着时间的推移,技能或知识的传递使"传承"一词具有了流传的含义,正如《盐铁论·非鞅》中所言:"功如丘山,名传后时。"因此,"传"不仅是物质和知识的传递行为,更涵盖了时间上的连续性。而"承"一词原本指的是捧着,从而引申为接受、承担的义务。因此,"传承"的内涵可理解为文化在时间上的延续性传递,也体现为一种文化传递的方式,涉及接受和传授的过程。"传承"是一种双向互动的过程。

"传承"不仅是一种文化现象,更是一种社会行为。它是文化在时间维度上的延续,也是文化在空间维度上的传播。"传承"的方式多样,有口耳相传、有书籍记载、有仪式演示、有艺术表现,等等。传承的内容丰富,有知识、有技能、有价值观、有信仰,等等。"传承"的目的在于保持文化的连续性,使文化得以传承和发展。传承的过程中,"传者"和"承者"都是非常重要的角色。"传者"是将文化传递给"承者"的人,他们通常具有丰富的文化知识和经验,能够准确地把握文化的精髓和内涵。"承者"则是接受文化传承的人,他们通过学习和实践,将文化内化为自己的行为和思维方式。"传承"的过程是双向的,"传者"和"承者"相互影响,相互促进,共同推动文化的传承和发展。"传承"是一种文化行为,也是一种社会责任。传承文化不仅是对过去的尊重和纪念,更是对未来的期待和展望。传承文化可以使文化得以延续和发展,使人类社会更加丰富多彩。传承文化是一种责任和使命,每个人都应该承担起传承文化的责任,为文化的传承和发展做出自己的贡献。

"传承"这一概念在中国文化中扮演着至关重要的角色,它不仅关乎文化的延续,更是对历史、传统和习俗的一种深深致敬。然而,当我们深入探讨"传承"的内涵时,我们会发现它的意义远比我们想象的要丰富和复杂。在古代汉语中,"传"与"承"并非固定搭配,而是各自独立使用,分别承载着传递和接受的含义。然而,随着时间的推移,特别是在民俗学的研究中,"传承"这一概念逐渐形成并得到了广泛的应用。民俗学作为研究民间风俗、习惯和信仰的学科,对传承的理解尤为深刻。在《中国民俗与民俗学》《民俗学概论》等专著中,"传承性"被赋予了重要的地位,被认为是民俗的一个基本特征。这一观点在民俗学研究中得到广泛的认同,成为学科共识。然而,尽管传承性在民俗学中得到了重视,但对其的研究往往停留在文化传递的表层现象上。在钟敬文的《民俗学概论》中,"传承"被解释为具有文化和传递两个层面的含义,其实质在于通过传递来表达文化现象。这种界定虽然有助于我们理解"传承"的基本含义,但似乎还不足以全面揭示"传承"的深层内涵。因此,我们需要进一步深入探讨传承的意义,以期更全面地理解这一概念在民俗学中的地位和作用。传统文化的形成并非一蹴而就,而是在历史的长河中通过无数代人的智慧与努力逐渐累积、延续至今。它像一条悠长的河流,承载着历史的沉淀,流淌着民族的记忆。在这个过程中,传统文化犹如一条不断移动的链条,每一环都代表着一段历史、一种记忆。在这条链条的移动过程中,有些内容被时代保留,成为民族文化的重要组成部分;有些内容则被淘汰,消失在历史的尘埃中。

中华传统文化是一个复杂而广泛的系统，涵盖了诸多元素，如思想、道德、艺术等方面，它们通过丰富多彩的形式得以传承和延续。随着时间的推移，中华传统文化不仅跨越了时代，也在不同国家、民族和地域间流传。这种跨文化、跨时空的传递，使中华传统文化产生了深远的影响力。文化是人类的创造，是人们在塑造个人和社会世界时的产物，因此不断演化和传承。在文化传承的过程中，有传递者和接受者两个角色。传递者承担着传播和弘扬传统的使命，他们是文化流动中的推动者；接受者则在继承传统的同时，通过创新和发展不断赋予文化新的意义和生命力。

无论是传递者还是接受者，文化传承的主体始终是人。人是文化的创造者、传承者和创新者。在传递传统文化时，关键在于如何有效地长期保存它，确保不因外界环境变迁而失传。人们通常通过文字、语言及其他符号形式来记录和储存传统文化，以此作为保护的手段。这些记录和储存的方式即传承的形式，包括传承的方法、传播的媒介及其策略等。在这个过程中，政府、制度和经济等因素都会对文化传承产生推动或阻碍的影响。政府的政策支持、制度的保障和经济的投入，都是文化传承的重要保障。只有当这些保障措施到位，传统文化才能得以顺利传承，不断发展壮大。

总之，传统文化的传承是一个复杂而艰巨的过程。它需要我们充分认识到传统文化的重要性，尊重历史、尊重传统，同时要敢于创新、敢于发展。在传承的过程中，注重培养新一代的文化传承者，使他们能够承担起传承和弘扬传统文化的重任。只有这样，中华优秀传统文化才能在新的时代背景下焕发出生机和活力，为中华民族的繁荣发展做出更大的贡献。

2. 传承的原则

在人类历史长河中，文化的传承犹如一座桥梁，将过去、现在和未来有机地连接在一起。然而，这种传承远非简单的复制与粘贴，而是需要以历史、现实和未来的三维视角为基础，坚持从中国的国情实际出发。遵循固本强基、整旧如新、革故鼎新的原则，既是对过去的尊重，也是对未来的负责,更是对现实的深刻理解。固本强基,是文化传承的首要原则。中华民族五千多年的历史,积累了丰富而独特的思想文化遗产。这些文化遗产,如同一座座灯塔,照亮了我们前行的道路。热爱国家和民族的情感、家族的归属感、勤俭持家、尊老爱幼等这些传统美德,不仅在历史上起到了凝聚民族精神、维护国家统一的重要作用,在今天,它们依然是支撑我们走向民族复兴的精神动力。这些美德是中华民族精神和文化的根基,也是推动我国现代化进程的强大动力。面对这些具有永恒和普遍价值的优秀传统,我们应当大力弘扬、广泛传播、深入应用、发扬光大。这不仅体现了文化自信,更是文化自觉的实际行动。我们要让这些优秀传统文化,成为中华民族伟大复兴的强大精神支柱,成为我们走向未来的坚实基石。

然而,文化传承并非一成不变。在坚持固本强基的同时,我们还要整旧如新,革故鼎新。这意味着,我们要在传承优秀传统文化的同时与时俱进,不断创新。我们要把优秀传统文化与现代文化相结合,使之更好地适应现代社会的需要,更好地服务于我国的现代化建设。

在历史的长河中,文化如一条璀璨的河流,它承载着人类的智慧与精神,流淌过每一个时代。如今,我们正处于文化全球化的时代,传统文化在现代化进程中面临着前所未有的挑战和机遇。在这样的背景下,我们需要以一种全新的视角来看待传统文化的传承与发展,这就是整旧如新的原则。整旧如新,意味着我们在传承传统文化的同时,要对其进行创新性的发展。在传承中创新,在创新中传承,使传统文化在现代社会焕发出新的生命力。例如,传统文化思想中很早就已经产生民主的概念,《尚书》中记载:"天惟时求民主,乃大降显休命于成汤,刑殄有夏。",这表明,早在古代,我国就有了民主的概念,尽管它与现代社会中的民主有所不同,但其中的思想精髓,如人民至上、公正公平等,至今依然具有深远的意义。在现代社会,我们可以将这些思想与现代的民主制度相结合,使之成为推动我国政治文明进步的重要力量。

在古代中国社会，评判一个人道德水平高下的根本准则是"孝"。《孝经》将"孝"定义为"天之经，地之义，民之行"，显示了孝文化在中国古代的至高地位。然而，随着时间的推移，孝道逐渐受到政治色彩的影响，从简单的家庭伦理到权利和义务的复杂关系转变，有时甚至演变成愚忠或死板的表现，偏离了人性的本真。如果我们能够去除孝道身上的封建繁文缛节，回归其最本质的含义，那么孝道对于现代人际关系及社会进步将有积极促进作用。

从家庭角度来看，孝是维系家庭和谐的重要规范，是培养敬畏心理的起点。尊老爱幼、孝敬长辈是建立和睦家庭关系的基础。而和谐的家庭关系有助于推动社会整体的和谐，维护社会的稳定与规范运行。因此，对于传统文化的改造与继承，我们应当因地制宜，运用现代思维进行创新，以促进社会的进步与发展。我们应该在继承和弘扬传统文化积极元素的同时，摒弃其中的封建糟粕，使传统文化与当代社会的需求相互融合，推动社会的良性发展。只有这样，我们才能建设一个和谐、稳定、繁荣的社会，实现中华民族的伟大复兴。

革故鼎新是中国传统文化中的重要原则，它要求我们在继承和发扬传统文化的同时，要勇于改革创新，摒弃其中的陈旧和落后因素，使之适应现代社会的发展。在中华优秀传统文化中，由于历史背景，仍存留一些不适应现代社会发展需求的元素，这些元素甚至妨碍了传统文化向现代化的转型。它们的存在模糊了人们对优秀传统文化的认知和传承，影响了其理解与价值的传播。因此，我们应当对优秀传统文化进行深入分析，剔除其中的陈旧和不合时宜的成分。这些元素与现代社会的发展不相符，需要被批判和彻底改变。相对而言，我们应当吸纳传统文化中优秀的元素，使之更好地适应当今社会的发展需求。

在传承优秀的传统文化时，我们应当坚持科学理性的分析，舍弃那些腐朽的元素，以确保优秀传统文化的健康发展。我们必须积极培育先进文化，支持有益健康的文化形态，努力改革陈旧的文化观念，坚决抵制腐朽的文化影响，这样才能真正继承和发扬优秀的传统文化。这意味着我们要在尊重历史的同时有勇气面对历史中的错误和不足，要有智慧去识别和筛选出那些真正有价值、有意义的元素，使之成为现代社会发展的助力。在传承中创新，在创新中传承，使传统文化与现代社会相融合，共同构建一个和谐、进步、充满活力的社会。

文化传承是一项复杂的任务，要从历史、现实和未来的多维角度出发，立足于中国的国情实际，以全面现代化的方式发展和传承优秀的传统文化。我们要秉持固本强基、整旧如新及革故鼎新的原则，努力实现这一目标。只有这样，我们才能更好地传承和发展我国的优秀传统文化，使之成为推动我国现代化建设的强大动力，成为我们民族复兴的强大精神支柱。

第三章 内涵与价值：中华优秀传统文化的逻辑理路与社会功能

第一节 中华优秀传统文化的逻辑展开

一、中华优秀传统文化中的理性和品格

1. 中华优秀传统文化中的理性

中华优秀传统文化中的理性阐述，源于中华民族几千年的文明积淀。自古以来，中华民族便注重理性思维和道德伦理的传承，将理性作为行为准则和道德规范的基础。从先秦诸子百家争鸣，到汉唐儒、释、道交融，再到宋明理学兴起，中华优秀传统文化始终强调理性思考和道德修养的重要性。先秦时期，诸子百家对理性阐述进行了深入的探讨，儒家主张"仁政"，墨家主张"兼爱"，法家主张"法治"，道家主张"无为而治"，名家主张"名实相符"，这些思想都体现了对理性的重视。儒家认为，通过"仁、义、礼、智、信"的道德修养达到"内圣外王"的理想人格；墨家强调以"兼爱"为核心的道德伦理，主张人们应当无私无欲，追求公平正义；法家则主张，通过严格的法律制度来规范人们的行为，实现社会的稳定和秩序；道家主张顺应自然，无为而治，认为人们应当遵循自然规律，追求内心的宁静与平

和；名家则关注名实关系，强调理性思考和逻辑分析。汉唐时期，儒释道交融，形成了更加丰富的理性阐述。儒家学者如董仲舒强调"天人合一"的思想，认为人们应当顺应天命，实现个人的道德修养和社会的和谐稳定。宋明时期，理学兴起，儒家学者如程颢、程颐、朱熹等，进一步发展了儒家的理性阐述。他们强调"格物致知"，认为通过观察事物的本质，可以认识天地万物，实现个人的道德修养和社会的和谐发展。同时，他们也强调"知行合一"，认为知识与实践应当相结合，只有将知识运用到实践中，才能真正提升自己的道德水平。除了哲学思想外，中华优秀传统文化中的理性阐述还体现在文学、艺术、科技等方面。中国古代文学作品中，如《诗经》《楚辞》《红楼梦》等，都蕴含着深刻的理性思考和人生哲理。中国古代艺术，如书法、绘画、音乐等，也强调理性与感性的统一，追求形式与内容的和谐。中国古代科技，如造纸术、火药、印刷术、指南针等四大发明，更是中华民族理性思考和创新能力的重要体现。

在现代社会，中华优秀传统文化中的理性阐述仍然具有重要的价值和意义。面对世界经济的快速发展和全球化的趋势，中华民族需要更加理性地思考和应对各种挑战和问题。同时，现代社会中道德伦理的缺失和人际关系紧张等问题也日益突出。中华优秀传统文化中的理性阐述，可以为现代人提供宝贵的道德资源和人生智慧，引导人们正确处理人与人、人与自然、人与社会的关系，实现个人的幸福和社会进步和谐发展。总之，中华优秀传统文化中的理性阐述是中华民族几千年的文明积淀和智慧结晶。它不仅包含了丰富的道德伦理观念，还涵盖了哲学、文学、艺术、科技等各个领域。在现代社会中，中华优秀传统文化中的理性阐述仍然具有重要的价值和意义，可以为现代人提供宝贵的道德资源和人生智慧。因此，我们应该珍视和传承中华优秀传统文化，将其理性阐述的精神内涵发扬光大，为中华民族的伟大复兴和文化繁荣做出更大的贡献。

在中华优秀传统文化中，理性阐述主要体现在对道德伦理的重视方面。

儒家思想作为中国古代社会的主流价值观，强调"仁、义、礼、智、信"的"五常"，认为这是维护社会秩序和促进人际关系和谐的基本准则。其中，"智"即为理性，是人们辨别是非、判断善恶的能力。儒家认为，只有通过理性思考，才能实现个人的道德修养和社会的和谐稳定。在我国古代，儒家思想被视为国家治理和社会和谐的基石，影响深远。从孔子的"己所不欲，勿施于人"到孟子的"性善论"，再到程朱理学的"格物致知"，都体现了对理性的高度重视。这种理性精神在我国古代文化中占据着核心地位，影响了无数仁人志士，塑造了中华民族的独特性格。

理性在中国传统文化中具有丰富的内涵。首先，它体现在对道德伦理的尊重。儒家认为，道德是人类社会生活的基石，是维护社会和谐的关键。在儒家看来，道德规范并非一成不变，而是需要根据时代变迁和社会发展进行适当的调整。这种对道德伦理的重视，使理性在中国传统文化中具有了道德的色彩。其次，理性体现在对知识教育的重视上。儒家主张"有教无类"，认为教育是提高人们理性水平、实现道德修养的重要途径。在我国古代，无论是官方教育还是民间教育，都强调知识的普及和理性思维的培养。这种对知识教育的重视，使理性在中国传统文化中具有了知识的底蕴。再次，理性体现在对国家治理的思考上。儒家主张"仁政"，认为国家治理应以人民的福祉为根本目标。在我国古代，许多政治家和思想家都致力于探索国家治理的理性之道，如孟子的"民为贵，社稷次之，君为轻"等，这种对国家治理的思考使理性在中国传统文化中具有了政治的色彩。

在中国传统文化中，理性具有三个特点。第一，它强调实践性。儒家认为，理性并非空中楼阁，需要在现实生活中不断实践和验证。在我国古代，许多儒家学者都强调"知行合一"，认为只有将理性知识付诸实践，才能真正体现其价值。第二，理性强调中庸之道。儒家认为，事物的发展往往呈现出两面性，理性就是要在这两端之间寻求平衡，实现中庸之道。这种中庸之道的理念，使理性在中国传统文化中具有了平和、稳健的特点。第三，理性强调和谐共生。儒家主张"和而不同",认为人类社会应该追求和谐共生,而非同质化。在我国古代,许多思想家都强调尊重差异、包容多样,认为这是实现社会和谐的关键。这种和谐共生的理念,使理性在中国传统文化中具有了包容、宽容的品质。

在中国传统文化中,理性具有深远的影响。首先,它塑造了中华民族的独特性格。在儒家思想的熏陶下,中华民族形成了注重道德、尊重知识、崇尚和谐的性格特点。这种性格特点使中华民族在面对困难和挑战时,能够保持冷静、理性,寻求最佳的解决方案。其次,理性促进了我国古代社会的繁荣发展。在儒家思想的指导下,我国古代社会实现了政治、经济、文化等多方面的繁荣。如唐代的"贞观之治"、宋代的"仁宗盛治"等,都是理性治理的典范。再次,理性为我国古代科技的发展提供了思想支持。在儒家思想的推动下,我国古代科技取得了举世瞩目的成就,如造纸术、火药、印刷术、指南针等,这些都离不开理性思维的指导。总之,在中华优秀传统文化中,理性阐述主要体现在对道德伦理的重视上。它不仅塑造了中华民族的性格,促进了古代社会的繁荣发展,还为科技的发展提供了思想支持。在当今社会,我们应该继续弘扬理性精神,将其与现代科技、现代文明相结合,为实现中华民族伟大复兴的中国梦提供有力的思想武器。

道家思想作为中国古代又一重要思想流派强调顺应自然、无为而治,主张人们应当遵循自然规律,以达到人与自然的和谐共生。这种顺应自然的理念,实际上也是一种理性思考的结果。道家认为,人们应当摒弃私欲和功利,追求内心的宁静与平和,从而实现个人的精神自由和社会的和谐发展。道家主张的"道法自然",强调万物皆有道,人们应当顺应自然规律,不要过分干预,以达到"无为而治"的境界。这种思想在政治、经济、文化等各个领域都有所体现,如道家的"无为而治"理念在我国古代政治中有着重要影响。在经济方面,道家主张"顺应自然",认为人们应当根据自然规律来发展经济,实现可持续发展。在文化方面,道家主张"道法自然",强调文化的发展应当顺应自然规律,保持文化的多样性和独特性。中华优秀传统文化源远流长,底蕴深厚,其理性阐述不局限于哲学思想,而是广泛地体现在文学、艺术、科技等多个领域。

文学作为人类智慧的结晶,不仅以其独特的艺术形式和优美的文字吸引了无数读者,更以其深刻的理性思考和人生哲理影响了后世。《诗经》作为我国最早的诗歌总集,其中的诗歌多采用赋、比、兴等手法,既描绘了自然景象和社会生活,又表达了人们对美好生活的向往和对社会现实的思考。《楚辞》则以其独特的地域特色和浪漫主义风格展现了楚地文化的魅力,同时也反映了人们对人生、社会的深刻理解。《红楼梦》更是以其精湛的艺术技巧和对人性的深刻剖析,成为中国古典文学的巅峰之作。

在艺术领域,中国古代艺术如书法、绘画、音乐等,强调理性与感性的统一,追求形式与内容的和谐。书法作为我国独特的艺术形式,不仅要求书写者具备扎实的技巧,更要求其具备深厚的文化底蕴和独特的审美观念。绘画以山水、花鸟、人物等为题材,通过线条、墨色、构图等手法,表现了画家对自然、社会、人生的理解和感悟。音乐则以其优美的旋律和深刻的内涵,传达了人们对美好生活的向往和对社会现实的思考。

在科技领域,中国古代科技如造纸术、火药、印刷术、指南针等四大发明,更是中华民族理性思考和创新能力的重要体现。造纸术的发明极大地促进了文化的传播和传承,为人类文明的进步做出了巨大贡献。火药的发明则在军事、民用等领域发挥了重要作用,推动了人类社会的发展。印刷术的发明使知识的传播更加便捷,为文化的积累和传承提供了有力保障。指南针的发明则为航海、地理探索等提供了重要工具,推动了人类对世界的认识和探索。总的来说,中华优秀传统文化中的理性阐述,不仅体现在哲学思想中,更广泛地体现在文学、艺术、科技等多个领域,为中华民族的繁荣和发展做出了巨大贡献。

在现代社会,中华优秀传统文化中的理性阐述依然闪烁着智慧的光芒,为中华民族在全球化浪潮中稳步前行提供着坚实的思想支撑。面对世界经济的快速发展和全球化的趋势，中华民族需要更加理性地思考和应对各种挑战和问题。我们应当深入挖掘和传承中华优秀传统文化中的理性精神，使其成为推动社会进步和民族复兴的强大动力。特别是现代社会中道德伦理的缺失和人际关系的紧张等问题也日益突出。在这一背景下，中华优秀传统文化中的理性阐述显得尤为重要，它可以为现代人提供宝贵的道德资源和人生智慧，引导人们正确处理人与人、人与自然、人与社会的关系，实现个人的幸福和社会的和谐发展。这种理性阐述不仅包含了对道德伦理的深刻理解，也蕴含了对人与自然和谐共生的智慧。此外，中国传统文化中的法治思想、民本思想等，也为现代社会治理提供了宝贵的借鉴。在全球化背景下，各国文化交流日益频繁，中华优秀传统文化中的理性阐述不仅对中华民族自身具有重要的价值，也为世界文化的多样性和人类文明的进步做出了独特贡献。在未来的发展中，我们应当继续深入挖掘和传承这一宝贵的文化遗产，使其在现代社会焕发出新的生机和活力。

总之，中华优秀传统文化中的理性阐述是中华民族几千年的文明积淀和智慧结晶。它不仅包含了丰富的道德伦理观念，还涵盖了哲学、文学、艺术、科技等各个领域。在现代社会中，中华优秀传统文化中的理性阐述仍然具有重要的价值和意义，可以为现代人提供宝贵的道德资源和人生智慧，引导人们实现个人的幸福和社会的和谐发展。因此，我们应该珍视和传承中华优秀传统文化，将其理性阐述的精神内涵发扬光大，为中华民族的伟大复兴和文化繁荣做出更大的贡献。

2.中华优秀传统文化中的品格

中华优秀传统文化中的品格阐述，是中华民族几千年的智慧结晶和道德精髓，它包含了深厚的伦理道德观念和人生哲学，涵盖了仁爱、诚信、忠诚、孝道、礼仪、中庸、和谐等核心价值观，这些品格理念在历史长河中不断传承和发展，为中华民族的性格塑造和社会的和谐稳定提供了坚实的思想基础。在现代社会,这些品格理念依然具有重要的价值和意义,引导人们树立正确的世界观、人生观和价值观,培养健全的人格和良好的道德品质,促进个人成长和社会进步。仁爱,作为中华民族的传统美德,强调人与人之间的关爱和互助,提倡"己所不欲,勿施于人"的黄金法则,引导人们建立和谐的人际关系;诚信,作为中华民族的基石,强调诚实守信、言行一致,是维护社会秩序和人际关系的重要保障;孝道,作为中华民族的传统美德,强调尊敬父母、孝顺长辈,是维护家庭和谐和社会稳定的重要基础;礼仪,作为中华民族的传统文化,强调遵守社会规范、尊重他人,是维护社会秩序和人际关系和谐的重要手段;中庸,作为中华民族的哲学智慧,强调不偏不倚、恰到好处,是处理复杂问题和矛盾的重要方法;和谐,作为中华民族的社会理念,强调人与自然、人与社会、人与人之间的和谐相处,是构建和谐社会的重要目标。这些品格理念在现代社会中具有重要的指导意义,帮助人们正确处理人际关系,建立和谐的社会环境,促进社会的稳定和发展。

二、中华优秀传统文化的具体体现

中华优秀传统文化的具体体现可以从多个方面来阐述。从文学角度来看,中国古代文学是中华民族文化的瑰宝,其中包含了丰富的哲学思想、道德观念和人生智慧。古代优秀文学作品不仅展现了中华民族的智慧和创造力,也反映了中华民族对人生、社会和自然的深刻理解和独特见解。从艺术角度来看,中国传统文化在绘画、书法、音乐、舞蹈等方面都有独特的表现。例如,中国绘画以其独特的笔墨技法和意境表达展现了中华民族的审美情趣和哲学思想;中国书法则以其独特的线条美和结构美展现了中华民族的审美追求和文化精神。在音乐方面,中国古代音乐以其优美的旋律和深刻的内涵展现了中华民族的情感世界和哲学思考;在舞蹈方面,中国古代舞蹈以其优美的舞姿和丰富的情感展现了中华民族的审美观念和文化传统。这些艺术形式不仅丰富了人们的文化生活,也表达了中华民族对美和艺术的热爱和追求。从哲学角度来看，中国传统文化包含了丰富的哲学思想，这些哲学思想不仅对中国社会和文化产生了深远的影响，也对世界文化产生了重要的影响。从社会制度角度来看，中国传统文化在政治、经济、教育等方面都有独特的表现。例如，中国古代的政治制度强调君主专制、科举制度等，这些制度对维护国家统一、公平选拔人才有着积极的影响；在经济方面，中国古代的经济制度强调农业经济、手工业经济等，这些经济制度促进了社会稳定和经济繁荣；在教育方面，中国古代的教育制度强调儒家经典教育、科举考试等，这些教育制度对加强中央集权，推动文化尊崇有着深远的影响。这些制度不仅促进了中华民族的社会结构和文化传承，也为中华民族的繁荣发展提供了坚实的基础。

综上所述，中华优秀传统文化的具体体现，可以从文学、艺术、哲学和社会制度等多个方面来阐述，不仅对中国社会和文化产生了深远的影响，也对世界文化产生了重要的影响。

⦿ 第二节 中华优秀传统文化的社会功能

一、建构与导向

文化通过其价值观念和制度设计，对社会整体秩序进行了广泛的宏观安排，并引导着社会成员朝着设定的路径和期望的方向共同前行，从而实现个人行为与国家、社会的协调一致，促进国家和社会的有序发展。在国家历史的形成过程中，文化的地位和作用尤为重要，特别是在处理传统制度与现实需要之间的关系时。

具体而言，这涉及了如何理解和处理国家当前和过去之间的关系，如何在现代社会中维系和发扬传统文化的价值,以及如何引导国家在历史中的定位和国家未来的设想。

中国历史上的每一个时代,无论是动荡的分裂期还是繁荣的治世,各个时期的统治者都以统一国家民族为其最高政治理想。这种文化精髓不仅构建了国家的秩序和民族的团结,也稳定了封建制度的基石。"四海一家,万邦和协"代表了中华子孙自古至今的精神寄托和思维模式。例如,《诗经·周颂·执竞》中提到:"自彼成康,奄有四方。"这表明西周时期国力兼备,统治四方,实现了地理上的一体化。春秋战国时期,儒家倡导王道统天下,认为有道则天下治,无道则天下乱。最终,秦始皇统一六国,创立了中国历史上第一个高度集中的中央政权。这仅仅是开始,许多思想家继续探索国家统一的路径。汉武帝时期,董仲舒继承儒家传统,从天人合一的角度深化了天下一家的思想。他认为儒家思想是中国文化的主流,其他诸子百家则是其有益的补充。因此,他主张以儒家思想为主导来统一思想,系统化和制度化了"大一统"政治体系,巩固了汉代皇权,完善了中央集权制度。尽管"大一统"思想在中国政治发展中确立了统治者的绝对权威,客观上为多民族国家建立了共同的精神纽带,促进了国家统一和民族认同,是中华文化认同感的重要推动力。

二、互动与整合

在各种主流思想和价值观的背景下,各民族独特的文化思想和价值观得以整合,不断在历史长河中与主流文化和价值观相互影响与交融,逐步形成了一个统一而有机的文化体系。这是中华优秀传统文化在漫长历史进程中的又一表现。中华传统文化经历了漫长的孕育、形成和发展,经历了数千年的历史变迁。在这个过程中,许多其他民族文化和地域文化在传统文化的大格局中发挥了各自的作用,不同历史阶段的文化思想不断碰撞交融,相互影响、互动和对话。它们对原有的诸多文化元素、文化内容及不同地域和阶层的文化起到了重要的整合与互动作用。中国传统文化的形成和发展，是一个多元文化相互交融的过程。自古以来，中国就是一个多民族的国家，各个民族的文化在长期的历史发展中相互交流、相互影响，形成了丰富多彩的文化景观。例如，在古代，中原文化、楚文化、吴越文化、巴蜀文化等各具特色的地域文化相互交融，共同塑造了中华文化的多样性。同时，在历史的不同阶段，诸如儒家、道家、法家、墨家等不同的思想流派，也相互竞争、相互借鉴，共同推动了中华文化的进步。

中华传统文化的整合功能还表现在对其他文化的吸收和融合上。在历史上，中国曾多次遭受外来文化的冲击，如蒙古族和满族等少数民族的统治等，但这些外来文化最终都被中华文化吸收和同化，成为中华文化的一部分。这种文化的包容性和整合能力，是中国传统文化得以源远流长、历久弥新的重要原因。中华传统文化的整合功能还体现在对主流文化和价值观的不断整合上。在历史的不同阶段，中国社会的主流文化和价值观不断发生变化，但中华传统文化始终能够适应时代的变化，不断对主流文化和价值观进行整合，使其保持活力和适应性。中华传统文化的整合功能还表现在对个人和社会的整合上。中华传统文化强调个人与社会的和谐统一，认为个人的发展离不开社会的支持，社会的进步也离不开个人的努力。这种个人与社会的整合，是中华传统文化的一大特点，也是其得以传承和发展的基础。它能够将各个民族的文化思想和价值进行整合，能够对主流文化和价值观进行整合，能够对个人和社会进行整合，从而形成了一个统一的有机融合的文化体系。这种整合功能，不仅使中华传统文化具有了强大的生命力和适应性，也使其成为了中华民族的精神支柱和文化底蕴。

中国古代文化在多元一体的背景下蓬勃发展，呈现出多样化和丰富多彩的面貌。文化可以根据社会阶层划分为精英文化与大众文化、官方文化与民间文化；按文化地位可分为主流文化与非主流文化；根据地域特征又可分为中原文化、闽越文化、西域文化、江浙文化等。这些文化类型在漫长的发展中相互交融、相互影响,最终形成了今日辉煌灿烂的中华优秀传统文化。在中华传统文化演变的历程中,可以大致分为三次重大整合过程:首先是夏商时期的华夏文化整合,将东夷和苗蛮文化融入其中;其次是两周时期的以"礼"文化为核心的整合;最后是秦汉至清末时期的"外儒里法"派别融合和学术统一,尤其是秦汉时期的文化整合,标志着中华传统文化格局的基本确立。这些文化单元直接承载了农耕经济与宗法制文化基因,后者是维系封建社会秩序的重要形式,影响各种文化单元的整合,为各地区、各民族和各派别的文化深度融合提供了统一的社会心理基础。同时,从中华传统文化的孕育、夏商至西周的形成以及礼文化的确立,中华传统文化展现出了广泛而深刻的内涵。

三、培养与教育

文化是一种力量,它使人摆脱原始状态,走向成熟。古代的传统文化通过教化和熏陶,培育人们的精神,将主流价值观制度化和社会化,促进社会秩序的和谐。这种文化不仅使国家与个人的利益一致,还将个人的私欲和诉求融入了文明的礼仪和稳定的社会风尚之中。古代的政治家们为了追求社会的安定与和谐,极其重视传统文化的教化作用,通过设立学校、推广教育,倡导道德修养和社会礼仪,使人们自觉地维护社会秩序,保持法纪端正,从而实现个人品德的培养、社会道德的传承、家国和谐与社会稳定。

古人强调"圣人之学"的核心理念,包括"执政为民""以德为政"和"民为邦本",这些教育理念旨在通过明晰的人伦观念,将儒家思想的伦理道德作为基础教育的重要内容,尤其强调了孝悌之道。教育的终极目标是通过"学以致其道",培养出能够"治国平天下"的君子。孔子曾言:"君子怀德",并强调了道德修养在学问中的根本地位。《礼记·学记》中也提到教育的目的在于长善并纠正其过失,意味着教育的任务是不断增进个体内心的道德品质。《大学》则明确指出:"大学之道,在于明明德,在于亲民,在于追求至善。"孔子的教育目标是培养"笃信好学，守死善道"的君子。君子在孔子看来应当"修己以安百姓"，并具备治理千乘之国和千室之邑、在四方间驰而不辱君命的才能。孟子强调了教育在"施仁政"和"性善论"两个方面的重要作用。他认为教育的关键在于"得民心"，这是帝王施行"仁政"的核心目标，而教育则是实现"得民心"的有效手段。

孟子说曾言，善政虽好，但不如善教能够真正赢得民心。善政使民畏惧，而善教使民热爱。善政得民财，而善教得民心。他认为通过德行来影响和感染人心，远胜于通过权力强迫，因为后者只是迫使人顺从而非真正信服。通过德行感化人，使其真心愿意服从，就像七十子们对孔子的敬服一样。因此，孟子认为教育的目的在于启迪人们的道德认知，建立起社会的规范伦理秩序。

汉代董仲舒以天道属性为出发点，主张统治者应实行"德教"，倡导"仁、义、礼、智、信"，逐渐成为后来古代统治者进行道德教育的核心内容。扬雄在此传统基础上继承并发扬，"重德"教育，认为君子学习的目标在于"道德修养"，他认为"常修德者，本也"，将道德视为最重要的个人素质。到了唐代，韩愈提出"明先王之教"，重视儒家道统的教育，特别是强调学习经典和伦理道德，他认为教育的核心在于"仁义道德"，强调伦理道德是人生的根本。

北宋文学家、教育家张载强调伦理道德在教育中的首要地位。他主张教育应该以"明善为本"，并明确提出了"德薄者终学不成"的理念。到了南宋，理学大师朱熹继承了前贤的思想，认为教育的核心在于"明人伦"。他强调，父子间的亲情、君臣之间的义务、夫妇之间的关系、长幼之间的秩序、朋友之间的信任，这些构成了人类伦理的基础。庠序（古代的学校）的存在就是要明晰这些伦理，从而引导人们尊重礼节，在日常生活中修养孝道、悌道、忠诚和诚信，这是教育的首要任务。朱熹在《尤溪县学记》中写道，设立学校教育人民，……必须从日常的清洁、言谈的得体、行动的得当开始,通过礼仪、音乐、射箭、马术、书法和数学等教导,使人们内心敬畏,日夜修习孝弟忠信,远离过失,再通过学习理物达到智慧的境界,让人明白如何治理个人及其家庭、治理家庭及其国家,以致通达天下之道,其根本无二。他认为,只要能够明晰伦理道德,就可以成为圣人贤者。

清末的学者王国维则认为,历史上大多数教育家都将道德作为教育的核心内容,"无不以道德为中心"。他强调道德教育的重要性,不仅有助于培养"完人",更能促进社会的稳定。王国维指出,孔孟也看到了教育能够改变民风,影响社会习俗,正化人心。他引用董仲舒的观点,认为礼乐教化对国家兴衰具有深远影响。如果没有教育和文化的支持,百姓不能正化。百姓追求利益,就像水流下坡一般,没有教育和文化的堤防约束,无法阻止其漂流。古代的君王明白这一点,因此以教育和文化为首要任务。他们设立太学,教育围里的人,设立学宫,教化城邑里的人。通过仁爱教育温化人民,通过正义教育磨炼人民,通过礼仪教育约束人民,因此刑罚极少而犯罪罕见,这是因为教育和文化的普及和习俗的美化。他认为教育可以使百姓心性正直,习俗优良,正是看到了其净化人心的潜力。

中国传统教育中,道德教育的重要性被历代教育家不断强调和深化。从孔子的"仁爱"教育,到孟子的"性善论",再到荀子的"性恶论",都体现了对道德教育的重视。他们认为,教育的首要任务就是培养人的道德品质,使人成为具有仁爱之心、道德之行的人。这种道德教育不仅局限于个人修养,更关乎国家兴衰和社会稳定。因此,古代中国的教育体系,无论是官学还是私塾,都把道德教育放在首位,通过经典教育、礼乐教化等方式,培养学生的道德情操和社会责任感。在宋代,理学兴起,道德教育被提升到了一个新的高度。理学家们认为,教育的目的在于"明人伦",即明确人与人之间的道德关系,如父子、君臣、夫妇、长幼、朋友等。他们认为,只有明确了这些关系,人才能在社会中找到自己的位置,才能实现个人的价值和社会的和谐。因此,他们强调道德教育的重要性,认为只有通过道德教育,才能培养出具有道德品质和社会责任感的人。明清时期，随着社会变革的加剧，道德教育的重要性凸显。许多思想家和教育家都强调，道德教育不仅是个人的修养，更是国家的兴衰和社会稳定的基石。中国传统教育中，道德教育始终占据着核心地位。这种对道德教育的重视，不仅体现了中国传统文化的特点，也为今天的教育提供了宝贵的借鉴。

在历史的长河中，重视道德教育，以"明人伦"为核心的教育理念成为我们优秀传统文化的重要组成部分。这种德育的思想不仅深刻影响了历代先贤，也使中华民族的道德观念成为世界文化的一道亮丽景观。随着对优秀传统文化的传承，重视道德教育的理念必将继续传承下去，在我们心中发扬光大。

四、传承与创新

中华民族传统文化的传承与发展是一个持续积淀文化元素与价值观念的过程。代代相传之中，每一位华人共同努力，使中华民族的文化得以繁荣昌盛，展现出它的生命力。传统文化在漫长的历史长河中，不仅继承并发扬了先贤们的智慧，保持了文化的完整性和延续性，而且在应对新的环境与挑战时，不断创新和丰富着古代先贤的思想，使我们的文化与时俱进，焕发出持久的生命力。在这个过程中，中华民族形成了一种独特的精神面貌，这种精神面貌既包含了传统文化的精髓，又展现了中华民族的创造力和生命力。这种精神面貌不仅为中华民族的发展提供了源源不断的动力，也为世界文化的发展做出了巨大的贡献。传统文化在传承与发展中，形成了丰富多样的文化形式，如诗词、书画、音乐、舞蹈、戏曲、建筑等，这些文化形式不仅展现了中华民族的智慧与才华，也体现了中华民族对美的追求和热爱。

传统文化在传承与发展中，形成了独特的社会制度与道德观念，如仁爱、忠诚、诚信、礼仪、孝道等，这些社会制度与道德观念不仅规范了人们的行为，也促进了社会的和谐与进步。传统文化在传承与发展中，形成了丰富的哲学思想，如儒家、道家、佛家等，这些哲学思想不仅为人们提供了精神寄托与心灵慰藉，也为人们认识世界和人生提供了独特的视角与方法。传统文化在传承与发展中，形成了独特的科技成就与工艺技术，如造纸术、火药、印刷术、指南针等，这些科技成就与工艺技术不仅推动了社会的进步与变革，也为世界科技的发展做出了巨大的贡献。传统文化在传承与发展中，形成了独特的饮食文化与传统医学，如中医、食疗等，这些饮食文化与传统医学不仅为人们的健康与长寿提供了保障，也为世界医学的发展做出了巨大的贡献。传统文化在传承与发展中，形成了独特的服饰文化与传统节日，如不同身份、不同区域，不同民族等所穿服饰各具特色，构成了服饰文化的多样性；又如春节、端午节、中秋节等，这些服饰文化与传统节日不仅丰富了人们的生活与情感，也为世界文化的多样性做出了巨大的贡献。传统文化在传承与发展中，形成了独特的教育理念与人才培养模式，如科举制度、书院制度等，这些教育理念与人才培养模式不仅培养了无数的杰出人才，也为世界教育的发展提供了宝贵的经验与启示。传统文化在传承与发展中，形成了独特的艺术审美与生活情趣，如茶道、花道、香道等，这些艺术审美与生活情趣不仅提升了人们的生活品质与精神境界，也为世界文化的交流与互鉴提供了丰富的内容与形式。传统文化在传承与发展中，形成了独特的政治智慧与治国理念，如民本思想、和合思想等，这些政治智慧与治国理念不仅为国家的繁荣与稳定提供了重要的指导与保障，也为世界政治的发展提供了宝贵的经验与启示。传统文化在传承与发展中，形成了独特的军事思想与战略战术，如孙子兵法、三十六计等，这些军事思想与战略战术不仅为国家的安全与利益提供了重要的保障与支持，也为世界军事的发展提供了宝贵的经验与启示。传统文化在传承与发展中，形成了独特的经济理念与商业模式，如丝绸之路、市场经济等，这些经济理念与商业模式不仅为国家的富强与繁荣提供了重要的动力与支撑，也为世界经济的发展提供了宝贵的经验与启示。传统文化在传承与发展中，形成了独特的法律制度与司法理念，如礼法合一、德治与法治相结合等，这些法律制度与司法理念不仅为社会的公平与正义提供了重要的保障与支持，也为世界法治的发展提供了宝贵的经验与启示。传统文化在传承与发展中，形成了独特的民族精神与国家意识，如爱国主义、集体主义等，这些民族精神与国家意识不仅为国家的独立与尊严提供了重要的动力与支撑，也为世界和平与发展做出了巨大的贡献。传统文化在传承与发展中，形成了独特的文学艺术与审美情趣，如唐诗、宋词、元曲、明清小说等，这些文学艺术与审美情趣不仅为人们提供了丰富的精神食粮与心灵享受，也为世界文学艺术的发展做出了巨大的贡献。

从整个世界人类发展史来看，无论身处何时何地，每一个文明成果都以先辈创造的物质和精神财富为基石。中国历代思想家不断探索传统文化的精华，力求在传统与现代的交汇中找到共通之处。他们深入先王贤圣的思想，寻求普世价值，并构建适应当下需求的思想体系。这一传承体系完备而广泛，包括从治家格言、族规祖训到社会非正式制度的规范，从王侯大儒的思想引导到国家正式制度的各项规范。通过"家国同构"的社会制度布局，以及"修身、齐家、治国、平天下"的共同社会理想，中国传统文化的核心日益坚固、完整和丰富。正是在持续的传承与创新中，展现了中国传统文化强大的生命力和社会凝聚力。在历史的长河中，中国传统文化以其独特的魅力和智慧，吸引了无数国内外学者和思想家对其进行研究和探索。他们通过对古代经典文献的解读和阐释，不断挖掘和提炼出其中的精华，使之成为当代社会发展的宝贵财富。他们也积极寻找传统文化与现代社会之间的契合点，将传统文化中的价值观念与现代社会的实际需求相结合，为当代社会提供了有益的指导和启示。

在中华传统文化中，家族观念和家国情怀一直占据着重要地位。家族被视为社会的基本单位，国家的繁荣与稳定也离不开每个家庭的和谐与安宁。因此，在中国传统文化中，治家格言和族规祖训被视为传承家族美德和家族价值观的重要手段。这些治家格言和族规祖训不仅对个人行为进行规范和约束，也对社会风气和道德观念的塑造起到了积极的作用。除了家族层面，中华传统文化还强调社会非正式制度的规训和约束。这些非正式制度包括社会习俗、道德规范、乡规民约等，它们在一定程度上填补了法律制度的空白，对个人行为进行引导和约束，维护了社会的秩序和稳定。这些非正式制度也体现了中华传统文化中的价值观念和道德观念，对人们的行为和思想产生了深远的影响。在国家层面，中华传统文化强调王侯大儒的思想引导和国家正式制度的规范。王侯大儒作为社会的精英和思想的引领者，他们的思想和行为对整个社会产生了重要的影响。他们通过自己的言行和著作，传播和弘扬中华传统文化中的智慧和道德观念，对社会的进步和发展起到了积极的推动作用。同时，国家正式制度也为社会提供了明确的规范和制度保障，保障了社会的公平和正义，促进了社会的和谐与进步。中华传统文化中还强调"家国同构"的社会制度安排和"修身、齐家、治国、平天下"的社会共同理想。这种制度安排和理想观念将个人、家庭、国家和社会的利益紧密相连，形成了一个完整的社会价值体系。在这样的价值体系中，人们不仅要关注自身的修养和家庭的美满，还要关注国家的繁荣和社会的和谐。这种制度安排和理想观念不仅为个人提供了明确的人生目标和追求，也为社会的稳定和发展提供了重要的保障。

总之，中华传统文化以其独特的智慧和魅力，在历史的长河中不断传承和发展。通过对传统文化中的精华进行深入研究和探索，寻找传统文化与当代社会的契合点，中华传统文化展现出了无比强大的生命力和社会整合力。同时，中华传统文化也为我们提供了宝贵的精神财富和智慧，为我们认识和解决当代社会问题提供了有益的指导和启示。在未来的发展中，我们应该继续传承和弘扬中华传统文化，不断挖掘和提炼其中的优秀的价值观念，使之成为推动社会进步和发展的重要力量。同时，我们也应该注重传统文化与现代社会的融合和创新，将传统文化中的智慧与现代科技和社会发展相结合，为构建更加和谐、稳定和繁荣的社会做出更大的贡献。

五、认同与归属

传统文化是中华民族积淀多年的精髓，承载着代代相传的思想观念和价值体系，是共同的历史记忆，共同的心理遗传基因，以及民族共同的精神风貌，是民族认同的核心元素。失去了优秀的传统文化，犹如失去了根基，失去了内在的生命力，就像是流离失所的漂泊者，失去了归属感。美国政治学家亨廷顿认为，文化认同对于大多数人来说是最有意义的东西。在一个民族共同体中，文化认同指的是长期生活中对文化特质、结构和体系的肯定，尤其是对文化价值核心的接纳，并将其与传统的价值体系融合，形成稳定的文化选择方向。文化认同是民族精神生长的根本，是所有成员共同分享的心理基因。因此，文化认同是民族认同和国家认同中至关重要的要素，起着决定性作用。梁启超曾经说过一个国家要在世界上立足，必须有其独特的国民特质。从道德法律到风俗习惯、文学艺术，都有着独立的精神。

优秀的传统文化是决定民族凝聚力大小的关键因素，因为它深深植根于文化的心理意识和价值核心，只有通过共同的心理认同和价值整合，才能成为全民共同的社会记忆，从而成为构成民族认同感和凝聚力的核心。这些核心元素通过民族心理和社会记忆的代代传承，不是一蹴而就，而是经过长期的历史演变和代代相传的积累，形成了相对稳定的模式。这种模式在历史的长河中不断得到强化和巩固，成为民族凝聚力的强大支柱。在这个过程中，传统文化不仅仅是历史的积淀，更是民族精神的体现，它深深植根于每个成员的内心深处，成为民族共同认同和自豪的源泉。这种认同感和自豪感是民族凝聚力的基石，它能够激发人们的爱国情怀和集体荣誉感，使人们在面对困难和挑战时团结一致，共同为民族的繁荣和发展而努力。同时，传统文化也是民族凝聚力的纽带，它通过共同的文化传统和历史记忆将人们紧密联系在一起，形成了一种无形的社会联系和互动网络。这种联系和网络不仅能够促进人们之间的相互理解和沟通，还能够加强人们之间的合作和协调，使整个民族形成一种团结向上的力量。此外，传统文化还能够提供一种共同的价值观念和道德规范，为人们的行为和思想提供指导和约束。这种价值观念和道德规范是民族凝聚力的灵魂，它能够引导人们树立正确的人生观和价值观，培养良好的道德品质和社会责任感，使人们能够在追求个人利益的同时不忘记国家和民族的利益，形成一种共同的价值追求和道德信仰。在这个过程中，传统文化还能够激发人们的创造力和创新精神，使整个民族能够不断适应时代的变化和发展需求，保持旺盛的生命力和活力。这种创造力和创新精神是民族凝聚力的动力源泉，它能够推动民族不断向前发展，为实现民族复兴和繁荣作出贡献。

然而，我们也应该看到，传统文化在传承和发展过程中也面临着一系列挑战和问题。随着时代的变迁和科技的发展，一些传统文化元素可能逐渐被淡化或遗忘，一些传统价值观念可能受到冲击或质疑。因此，我们需要在传承和发展传统文化的过程中注重创新和改革，使传统文化能够与时俱进，适应现代社会的需求。我们也需要在传承和发展传统文化的过程中注重开放和包容，汲取其他文化的精华，使传统文化能够不断丰富和发展。只有这样，传统文化才能真正成为民族凝聚力的强大支柱，为民族的繁荣和发展提供坚实的支撑。与表面上的风俗、习惯、制度和礼仪相比，中华民族的文化内核与思想观念具有深刻、稳定的特征。这些内核深深烙印在每个民族成员的心灵深处，是中华民族情感的黏合剂，也是社会凝聚力的重要来源。在外界刺激和内在驱动下，这些价值观念得以进一步强化，成为推动群体团结与发展的动力。

中华文明经过几千年发展历程，形成了丰富的文化认同，如认同自己作为炎黄子孙的一员，认同自强不息是民族精神的核心，认同包容、仁者爱人、实事求是是价值理念的基石，认同以民为本、执政为民是我们优秀传统的体现，认同中国作为世界文明古国和礼仪之邦的身份，认同以"仁爱"为核心的道德追求，以及"生于忧患，死于安乐"的历史精神。同时，认同古代四大发明和中医学的辉煌成就是民族自豪的象征。这些基本的文化元素和富有深意的习俗与习惯共同构成了中华民族的"文化认同"和心理基础。

第四章 困境与挑战：中华优秀文化的当代传承

◉ 第一节 中华优秀传统文化的当代传承困境

一、当代人对于传统文化的传承意识淡薄

当代人对于传统文化的传承意识淡薄，这是一个令人担忧的现象，它反映出现代社会中人们对历史文化遗产的忽视和文化根脉的断裂。随着全球化和现代化的快速发展，以及科技带来的信息爆炸和生活方式的改变，传统文化的影响力在年轻一代中似乎正在减弱。许多年轻人更加关注即时性娱乐和消费，对于传统文化的了解和认同逐渐减少，对传统文化缺乏兴趣，甚至对其持有偏见或误解。这种情况可能是由教育体系中对传统文化的重视不足、家庭和社会环境中传统文化氛围的缺失以及大众传媒对传统文化资源的忽视导致的。为了加强当代人对传统文化的传承意识，需要从多个层面入手，包括在学校教育中加强传统文化教育，通过媒体和社会活动提高公众对传统文化的认识和兴趣，以及创造更多的机会和平台让公众参与传统文化的传承和创新。同时，也需要鼓励和支持传统文化的传承人和艺术家保护和发展传统文化资源，使之成为现代社会中不可或缺的一部

分。只有这样，我们才能确保传统文化的精髓得以传承和发展，为后代留下丰富的文化遗产。

二、传统文化传承人才队伍建设亟待加强

传统文化传承人才队伍建设亟待加强，这是一个关系到传统文化能否得以有效传承和发展的关键问题。在现代社会，随着生活方式的改变和全球化趋势的加强，传统文化的传承面临着诸多挑战，而传承人才队伍的薄弱成为制约传统文化发展的关键因素之一。传统文化传承人才队伍建设的不足表现在三个方面：一是传统文化传承人的数量不足，许多传统艺术、技艺和知识面临着后继无人的尴尬局面；二是传统文化传承人的素质参差不齐，一些传承人可能缺乏系统的专业训练和文化素养，难以将传统文化的精髓和内涵准确地传递给下一代；三是传统文化传承人的创新能力不足，一些传承人过于固守传统，缺乏对传统文化进行创新和发展的意识和能力。为了加大对传统文化传承人才队伍的培养，需要从三个方面入手：一是加强对传统文化传承人的培养和支持，提供更多的培训机会和资源，提高他们的专业水平和创新能力；二是建立和完善传统文化传承人的认证和评价体系，提高传统文化传承人的社会地位和影响力；三是鼓励和支持年轻人学习和传承传统文化，培养他们对传统文化的兴趣和热情，形成一代又一代的传统文化传承人才。只有这样，我们才能确保传统文化的传承和发展，使之在现代社会中焕发出新的生机和活力。

三、针对优秀传统文化的教育力度较为薄弱

针对优秀传统文化的教育力度较为薄弱，这是一个不容忽视的问题，它直接影响到传统文化的传承和发展，以及年轻一代对民族文化的认同和自豪感。在现代社会，由于种种原因，包括教育体系的结构性问题、应试教育的影响、教育资源分配的不均衡等，优秀传统文化的教育往往没有得到足够的

重视和有效的实施。在学校教育中，存在储如传统文化教育的课程设置和教学时数不足，教学内容过于简单化或抽象化，缺乏深入和系统的讲解，教师缺乏专业培训和文化素养，无法有效地引导学生深入理解和欣赏传统文化的精髓等问题。此外，家庭教育和社会环境中对传统文化的关注和传承不足，导致学生在成长过程中缺乏接触和了解传统文化的机会。为了加强优秀传统文化的教育，需要从五个层面入手：一是改革教育体系，增加优秀传统文化教育的课程比重，确保学生在各个学习阶段都能接受到系统的传统文化教育；二是提高教师的专业水平和文化素养，通过培训和科研活动，增强他们教授传统文化的能力和信心；三是丰富教学方法和手段，运用现代技术手段和多媒体资源，使传统文化教育更加生动有趣，激发学生的学习兴趣和参与热情；四是加强家庭教育和社会环境中的传统文化氛围，鼓励家长和社会各界参与到传统文化的传承和教育中来，形成全社会共同参与的良好局面。只有这样，我们才能培养出对传统文化有深刻理解和热爱的新一代，为传统文化的传承和发展注入新的活力。

四、传统文化传承保障体系不完善

传统文化传承保障体系不完善，这主要体现在以下三个方面：一是，政策和法规的支持不够充分，缺乏专门针对传统文化传承的法律法规，以及对传统文化传承项目的资金投入和政策扶持，这使传统文化传承工作往往缺乏持续性和稳定性。二是，传统文化传承的组织机构和服务体系不健全，缺乏专业化的管理和服务团队，导致传统文化传承工作难以有效开展和推广。三是，传统文化传承的公众参与度不高，缺乏有效的激励机制和参与平台，使公众对传统文化传承的关注度和参与热情有限。这些问题共同导致了传统文化传承的困境，使传统文化在现代社会中的影响力逐渐减弱，其价值和内涵得不到充分传承和发展。

⦿ 第二节　西方文化对中华优秀传统文化的冲击

在信息技术革命和全球经济一体化加速推进的二十一世纪，文化间的交流与碰撞达到了前所未有的强度和广度。作为拥有五千年不间断文明的国度，中国在改革开放四十余年来经历了西方文化的全方位渗透。根据联合国教科文组织《世界文化多样性报告（2021）》，中国是接受西方文化影响最深、转型速度最快的非西方国家之一。这种影响既体现在物质生活层面，也体现在中国人的思维方式和价值观念的深刻转变。对中国来讲，西方文化多管道、多层次的系统性和弥散性传播，既带来现代化的发展机遇，也构成了对传统文化存续的现实挑战。

一、历史脉络：西风东渐的三个阶段

1. 明清之际的初步接触（16～18世纪）

中西方实质上的文化碰撞开始于新航路开辟之后，彼时，随着海路的打通，地处亚欧大陆东西两端的中国与欧洲之间的交往、交流越来越多，大量欧洲传教士、商人等频繁往来于中欧之间，中国生产的商品、发明的技术诸如丝绸、茶叶、瓷器被大量引入欧洲，儒学经典也被翻译，成为启蒙运动学者著书立说、传播思想的重要来源，形成了长达几百年的"中国热"现象。从中国方面来讲，明清时期随着以利玛窦为代表的传教士将西方的天文、几何等知识和工具带来中国，西方文化开启了冲击中华传统文化的第一步。但当时这些知识和技术仅限于宫廷和知识分子精英阶层，国内整体上还保持着对自身传统文化的自信。较为典型的案例是康熙皇帝对当时西洋历法热爱和钻研的同时，在治国理政上又坚持儒家治国之道，实际上体现了"中体西

用"的早期形态。

2. 鸦片战争至五四运动的冲击期（1840～1919年）

19世纪中期，西方国家用坚船利炮轰开了紧闭的中国大门，也在一定程度上逐渐减弱了中国文化的自信。这一时期中西文化碰撞的地位开始转移，中国由早期的强势和优势转变为被动接受，表现为以李鸿章、张之洞为代表的改革派对西方技术的学习，以达到"师夷长技以制夷"。对制度的反思发生在甲午海战之后，改革派的梦想被"吉野号"击碎，政治改良势在必行。尽管康有为、梁启超维新运动被文化保守派扼杀，却开启了制度和文化改革的序幕。此一时期，国内对西方文化的态度出现了激进和保守两种尖锐对立的态度，激进派倡导"全盘西化"，保守派坚守传统思维，中间派依然力主"中体西用"，中国文化体系开始走向分裂。

3. 改革开放后的全方位影响期（1978年至今）

改革开放后，随着中国融入世界的步伐逐渐加快，特别是2001年"入世"成功和2008年北京奥运会的举办，中西文化开始了全方位的激烈碰撞。借助互联网等文化传播工具，西方文化对中华传统文化的冲击广度、深度、速度、强度都前所未有。这种文化碰撞一方面加快了中国文化更深融入国际文化体系的步伐，另一方面，也使中华传统文化的未来命运面对挑战，国人对西方文化和传统文化的态度再度出现不同态度。随着国家综合实力的提升，国人对西方文化的态度也在发生变化，选择性吸收西方文化，创新性发展传统文化已成为支撑中国社会和普通大众走出转型阵痛的思想内核。

二、西方文化对传统文化冲击的表现

1. 对中国社会道德价值观的冲击

价值观是个人或群体在长期社会化过程中形成的，关于什么是重要的、值得追求的，以及如何行动的深层信念系统。它作为行为的内在准则，指导人们的选择、判断和生活方式，并影响其对自我、他人和世界的认知。如果一个人或群体的价值观遭受冲击，就将直接影响这个人或群体是否存在的意义。在长期的历史文化变迁中，中西方形成了两种不同的价值观体系，西方逐渐形成了以个人主义、理性主义、功利主义为核心特征的哲学价值观。个人主义主要表现为人是独立于自然和他人的独立性个体存在，强调个人成就和权力，独立的个体之间以社会契约的纽带相联系。而中华传统文化强调以宗法、宗族和社会本身为核心运转，集体利益高于个人利益。改革开放以来，随着西方个人主义文化的侵入，中国人在自我认知方面逐渐由融于集体的"关系性存在"向强调个人成就的"独立性个体"转变，传统文化的责任、孝道等道德价值观被功利主义价值观消解，物质成就逐渐超越道德修养的核心地位，情感联系部分让位于利益计算，独立意识的增强导致孝道文化实践的减弱等。据北京大学国情调查中心2020的一份调查发现，大学生择业标准中"收入水平"（78%）远超"社会贡献"（32%），说明新时代的年轻人更关注自身而非社会，另外，西方宗教节日文化也对中国的传统节日形成冲击，特别在年轻群体中，西方节日被赋予更多时尚、浪漫内涵，形成新的文化消费模式。

2. 对中国年轻人生活方式和消费理念的冲击

西方消费文化的渗透，深刻影响了中国社会的消费行为和生活方式。中国传统消费理念以节俭、实用和家庭需求为核心，而西方消费文化则强调个性化、即时满足和符号消费，两者的碰撞带来了显著的社会变革。

第一，消费理念，从节俭到享乐。中国传统消费观深受儒家思想影响，崇尚"量入为出""勤俭持家"，消费行为往往以实际需求为导向。然而，西方消费文化的涌入，尤其是广告、社交媒体和电商平台的助推，使"超前消费""精致生活"等观念逐渐流行。信用卡、花呗、白条等金融工具的普及，让年轻一代更倾向于"先享受，后付款"，甚至出现"月光族""负债消费"现象。这种转变挑战了中国传统的消费习惯，也带来了个人财务风险。第二，生活方式从集体主义到个人主义。中国传统社会强调家庭和集体的重要性，消费决策往往考虑整个家庭的利益。例如，购房、购车等大额支出通常以家庭为单位进行规划。但西方消费文化更推崇个人主义，鼓励"为自己而活"，使年轻一代更倾向于追求个性化消费，如奢侈品、小众品牌、网红打卡等。这种变化一方面促进了消费市场的多元化，另一方面也削弱了传统家庭消费的凝聚力，甚至导致代际消费观的冲突。第三，符号消费兴起，从实用到身份认同。中国传统消费注重产品的实用价值，而西方消费文化则强调商品的符号意义，即通过消费来彰显社会地位和身份认同，消费更成为一种"阶层标签"。这种消费模式催生了"炫耀性消费"现象，部分消费者甚至超出自身经济能力去追求品牌溢价，加剧了社会攀比心理。第四，可持续消费理念受到挑战。中国传统生活方式包含"物尽其用""惜物"等可持续理念，但西方快时尚、一次性消费文化的流行，使过度消费和资源浪费问题日益严重。例如，电商促销（如"双11"）刺激了大量非理性购物，许多商品被购买后闲置甚至丢弃，这不仅违背传统节俭美德，也对环境造成负担。第五，中国传统饮食文化讲究色香味形俱全，注重饮食的仪式感和文化内涵，烹饪方式多样。西方快餐文化以快捷、方便为特点，如汉堡、薯条、炸鸡等在国内广泛流行。西方饮食文化的传播改变了一些人的饮食习惯，给传统饮食文化的传承和发展带来了挑战。

3. 对教育体系和知识生产方式的冲击

这方面的冲击主要表现在教育理念、学科体系、留学潮与文化认同等方面。西方的教育理念强调以学生为中心，尊重学生的个性、兴趣和需求，注重学生的个体差异，鼓励学生发展自己独特的才能和潜力，将学生的全面发展和个人成长作为教育的核心目标。同时注重培养学生的批判性思维能力，鼓励学生对所学知识和各种现象进行独立思考、分析和质疑，不盲目接受既有观点和结论，能够提出自己的见解和看法，并通过合理的论证来支持自己的观点。在实际的教学过程中，西方教师注重采用启发式教学方法，通过提问、引导、讨论等方式激发学生的学习兴趣和思维活力，引导学生主动探索知识，培养学生的学习能力和创新精神，让学生在积极思考和探索中获得知识，而不是被动地接受灌输。中国的教育模式是中国宗法家族观念与古代科举考试的延续，在人才选拔方面注重分数唯一制，师生关系方面强调尊师重道和师道尊严，崇尚权威，西方强调师生关系的平等及批判性思维。改革开放特别是新世纪以来，国内教育模式开始参考西方进行改革，尝试以多元评价体系代替单一考试模式等。在学科体系建设上几乎全盘效仿西方的学科分化和专业细化，传统"通人之学"被取代。在话语体系和知识标准上，西方理论框架主导多数研究领域，部分西方学术指标成为学术评价核心因素。

4. 对语言体系和思维方式的冲击

随着对外交流的增加，大量西方语言词汇进入汉语，如"巴士"（bus）、"咖啡"（coffee）、"沙发"（sofa）等。虽然丰富了汉语的词汇量，但也在一定程度上改变了汉语的词汇结构和语言习惯。一些网络流行语和外来词汇的过度使用，使部分人对传统汉语词汇和表达方式的掌握和运用能力有所下降。这反映了英语借助西方文化强势形成的语言霸权，引发了汉语的变迁，比如在词汇借用方面，有关资料显示现代汉语中约5%词汇为直接音译外来词，而在语法渗透上，欧化句式在书面语中日益普遍，年轻人的日常生活中，直线型思维的表达方式也挑战传统的含蓄性表达。更为重要的是，互联网的快速发展加剧了这种渗透和变迁，自由表达代替了传统的规范性表达，中英文代码转换不但逐渐成为青年亚文化，在正式的学术交流中，中英混用也存在诸多，一些具有西方教育背景的学者在交流中也往往用英语代替汉语。在非语言沟通诸如交往礼仪方面，握手代替了传统的抱拳或者作揖，西式服装代替了传统的汉服，个人交往的空间意识也显著增强，保持适当的社交距离成为尊重对方的表现。这些变化虽提升了国际交往效率，但也导致部分传统礼仪面临失传风险，引发了现代一系列关于时间、空间、身体与交往等方面的严肃思考和研究。

三、西方文化对中华优秀传统文化冲击的影响

西方文化对中华优秀传统文化产生强烈冲击，引发了中国文化体系内部的一系列嬗变。这种冲击在短时期内给中国人的价值观、文化传承、教育体系等都带来了一系列问题，其中最主要的是文化自觉性的迷茫和文化认同危机，主要体现在四个方面。

1. 价值观冲突导致的自我认知迷茫

在西方自由主义、个人主义、功利主义思想的冲击下，中国传统的道德观念受到挑战，个体在行为决策时往往面临传统道德与现代自由的内心挣扎，家庭责任与个人发展难以兼顾的角色紧张，生活方式差异导致的家庭代际鸿沟等矛盾。中华传统文化以儒家思想为核心，强调仁、义、礼、智、信等道德观念，这些观念长期以来规范着人们的行为和社会秩序。然而，西方文化中强调个人主义和功利主义，这种价值观的差异使一些人在面对道德抉择时感到迷茫，对传统道德观念的坚守产生了动摇。复旦大学心理调查（2022）显示，25～40岁群体中43%的人感到"中西价值观冲突带来的焦虑"。例如，在现代社会的职业竞争中，一些人可能更倾向于追求个人利益的最大化，而忽视了传统道德中"义"的观念。

在人生价值取向方面，西方文化冲击使中国社会文化体系呈现多元化，使个体面临选择困境，甚至全面接受西方价值观而忘却传统价值观。西方文化倡导个人自由和自我实现，强调通过个人努力在事业、财富、权力等方面取得成功来实现人生价值。这与中华传统文化中注重家族、社会和谐，以及个人道德修养的人生价值取向有所不同。在西方文化的影响下，一些人开始追求物质享受和个人成就，对传统的"修身齐家治国平天下"的人生理想产生了怀疑，导致价值取向的多元化和混乱，人们在选择自己的人生道路时往往陷入困惑。

2. 文化传承受阻引发的身份认同困惑

传统节日和习俗的淡化引发了中国人身份认同的困惑和焦虑。中国传统节日如春节、中秋节等，蕴含着丰富的文化内涵和民族情感，是传承民族文化的重要载体。然而，随着西方文化的传入，一些西方节日如圣诞节、情人节等在中国越来越受欢迎，而传统节日的氛围却逐渐淡化。许多年轻人对西方节日的庆祝方式和文化背景更为熟悉，对传统节日的习俗和意义却知之甚少。这使人们对自己的文化身份产生了困惑，不知道该如何在现代社会中传承和弘扬本民族的文化传统。在语言方面，大量外来词汇的涌入和英语教育的过度重视，对汉语的纯洁性和传统文化的传承造成了一定影响。一些人在写作和交流中过度使用外来词汇和网络语言，忽视了汉语的规范和优美。在艺术领域，西方绘画、音乐、舞蹈等艺术形式在中国广泛传播，对中国传统艺术形式如国画、戏曲、民族音乐等造成了冲击。许多年轻人更热衷于西方艺术形式，对传统艺术的欣赏和传承缺乏兴趣，导致中国传统艺术的发展面临困境，也影响了人们对中华传统文化独特性的认同。有数据显示，国内非物质文化遗产传承人平均年龄达 65 岁，文化继承后继无人，面临断层。中国曾由于经济落后和文化失范，在国际舆论场所一度失语。这种话语弱势导致的国际舆论场中的中国叙事能力不足，对中国人的文化主体认同带来了消极影响，导致某些人在全球化与本土化的二元张力中迷失自我。

3. 教育体系变革带来的文化认同缺失

近代以来，中国的教育体系逐渐受到西方教育理念的影响，强调知识的系统性和科学性，注重培养学生的专业技能和应用能力。这种教育模式在一定程度上忽视了中华优秀传统文化的教育，导致学生对本民族文化的了解不够深入。相比之下，西方教育理念中对批判性思维、创新能力和个性发展的重视，虽然有其积极的一面，但也使一些学生在追求个人发展的过程中，对传统文化的价值认识不足，甚至产生了轻视传统文化的倾向。

在现代教育体系中，传统文化课程在学校教育中的比重相对较低，除了语文、历史等少数科目涉及一些传统文化知识外，其他方面的传统文化教育往往得不到足够的重视，传统文化教育不断被边缘化。出于培养应用型人才的需要，理科、工科等课程及专业受到学校和社会共同追捧。在人文社科领域，西方文化相关的知识和课程成为必修课或者推荐必读书目，考研、考博相关的参考书目中西方著作占相当大的比重。这使学生在成长过程中接受的传统文化教育相对较少，难以形成对本民族文化的深刻认同和自豪感。

4.社会变迁导致的文化认同焦虑

工业革命以来，现代性危机一直是西方社会对技术发展给人与社会发展带来的影响进行反思的核心问题。现代性危机的本质就是由于文化信仰危机引发的一系列个人、社会、环境方面的问题。西方的文化认同危机来源于宗教改革、文艺复兴和启蒙运动等一系列人的觉醒运动导致的新的信仰体系短时间内无法建立引发的信仰真空。鸦片战争后，中国也被迫进入了近代化与现代化的进程。中华传统文化遭受了一波又一波来自国内国外的质疑和打击，几近断层。改革开放后，物质财富的快速积累逐渐凸显出文化发展缓慢带来的弊端，国人陷入了如西方社会早期一样的精神危机。在这个过程中，一些人盲目追求西方的现代化模式，认为西方的一切都比中国的好，对传统文化产生了自卑心理。他们在享受现代科技带来的便利的同时，却忽略了传统文化中蕴含的智慧和价值，导致在现代化的浪潮中迷失了文化方向，产生了文化认同的焦虑。

当今世界文化多样性日益凸显，各种文化之间的交流和冲突也日益频繁。西方文化凭借其强大的经济和科技实力，在全球范围内占据着主导地位，对中华优秀传统文化形成了强大的冲击。在这种文化冲突中，一些人难以在多元文化中找到自己的文化定位，既不愿意完全放弃传统文化，又无法抗拒西方文化的诱惑，从而陷入了文化认同的困境。

总之，西方文化对中华优秀传统文化的冲击是全球化时代的必然现象，这种冲击既带来了现代化转型的机遇，也构成了对文化主体性保持的挑战。历史表明，中华文明具有强大的文化调适能力，能够在吸收外来文化精华的同时保持自身特质。面对当前挑战，关键在于避免两种极端——盲目排外的文化保守主义和全盘西化的文化虚无主义，而应走"创造性转化"与"创新性发展"的中间道路。

第五章 借鉴与探索：中华优秀传统文化的传承经验与路径建构

第一节 国内传承优秀传统文化的有效借鉴

一、古代优秀传统文化传承的经验

国内传承优秀传统文化的有效借鉴中的古代优秀传统文化传承经验，是一个值得我们深入研究和思考的问题。在古代，优秀传统文化传承的经验为我们提供了一些宝贵的启示和借鉴。这些经验主要包括以下五个方面：

1. 重视教育和传承

古代中国非常重视教育和传承，认为教育是传承文化的重要途径。在古代，通过科举制度选拔人才，使优秀人才得以进入官场，为国家和民族的发展作出贡献。古代中国还重视家庭教育，父母通过言传身教，将优秀传统文化传承给下一代。

2. 注重文化创新

古代中国注重文化创新，认为传统文化需要在传承的基础上进行创新和发展。在古代，文人墨客、艺术家和学者们不断探索和创新，使传统文化得以焕发出新的活力。例如，唐诗、宋词、元曲等文学形式就是在传承的基础上不断创新而形成的。

3. 保护文化遗产

中国古代非常重视文化遗产的保护，认为文化遗产是民族精神的载体。在古代，以朝廷为代表的各级政府到民间各界共同努力，保护了大量的文化遗产，使之得以传承和发扬。例如，古代的宫殿、寺庙、石窟等建筑，以及古代的书画、瓷器、丝绸等艺术品，都是珍贵的文化遗产。

4. 弘扬民族精神

古代中国强调民族精神的弘扬，认为民族精神是民族文化的核心。在古代，以朝廷为代表的各级政府到民间各界通过各种方式弘扬民族精神，使民族文化的精髓得以传承。例如，古代的忠孝节义、仁爱诚信等价值观，至今仍具有重要的现实意义。

5. 重视文化交流

古代中国重视文化交流，认为文化交流是促进文化发展的重要途径。在古代，中国与周边国家进行了广泛的文化交流，使中华文化得以传播和影响。例如，古代的丝绸之路就是文化交流的重要通道，促进了中华文化的传播和影响。

总之，古代中华优秀传统文化传承的经验为我们提供了宝贵的借鉴和启示。在传承优秀传统文化时，我们应该重视教育、文化创新、文化遗产保护、民族精神弘扬和文化交流等方面的工作，使之在现代社会中焕发出新的活力。同时，我们也应该结合现代社会的需求，不断创新和发展传统文化，使之更好地适应现代社会的发展。通过借鉴古代优秀传统文化传承的经验，有助于我们更好地传承和发展中国的优秀传统文化，为现代社会的发展做出更大的贡献。

二、现代优秀传统文化传承的经验

现代优秀传统文化传承的经验是一个涉及多方面的复杂问题。在全球化和现代化的背景下，传统文化面临着前所未有的挑战和冲击。为了传承和发展优秀传统文化，我们需要从以下五个方面借鉴现代的优秀经验：

1. 重视教育

现代社会的教育是传承优秀传统文化的重要途径。通过在学校教育中增加传统文化课程，培养学生的传统文化素养和传承意识。同时，鼓励家庭和社会各界参与到传统文化的传承中来，形成全社会共同传承的氛围。

2. 创新传播方式

现代社会信息传播方式的变革为传统文化的传承提供了新的机遇。利用互联网、社交媒体等现代传播手段，将传统文化以更生动、更便捷的方式传播给公众，提高传统文化的传播力和影响力。

3. 保护文化遗产

现代社会中，保护文化遗产是传承优秀传统文化的重要环节。通过法律法规、政策扶持等方式，加强对文化遗产的保护和修复，使之得以传承和发扬。

4. 弘扬民族精神

现代社会中，弘扬民族精神是传承优秀传统文化的重要内容。通过各种活动，如庆祝传统节日、开展民族文化交流等，让民族精神得到传承和弘扬。

5. 加强国际交流

现代社会中，加强国际交流是传承优秀传统文化的重要途径。通过与其他国家和地区的文化交流，促进优秀传统文化的传播和影响，同时汲取和借鉴其他国家和地区的优秀文化，丰富和发展自身文化。

三、国内转型期传统文化传承的经验

国内转型期传统文化传承的实践和成就体现在多个方面。随着社会经济的快速发展，传统文化在现代社会中得到了新的发展和创新，也在一定程度上面临着挑战和困境。然而，在政府和各界人士的共同努力下，传统文化在传承和发展方面取得了一定的成就。

1. 传统文化在教育领域的传承取得了显著的成效

在中小学教育中，增加了传统文化课程，让学生从小接触和了解传统文化，培养他们对传统文化的兴趣和认同感。同时，高等教育中设立了相关专业的学科，培养专业的传统文化研究人才，为传统文化的传承和发展提供智力支持。

2. 传统文化在传播方式上的创新取得了显著成果

利用互联网、社交媒体等现代传播手段，将传统文化以更生动、更便捷的方式传播给公众，提高了传统文化的传播力和影响力。例如，一些传统文化节目通过网络平台进行传播，吸引了大量观众，使传统文化得到了更广泛的传播和认可。

3. 传统文化在保护文化遗产方面的实践取得了显著成就

政府和相关部门加大对文化遗产的保护力度，通过法律法规、政策扶持等方式，加强对文化遗产的保护和修复，使之得以传承和发扬。例如，对古建筑、传统手工艺品等文化遗产的保护和修复，使传统文化得到了更好的保护和传承。

4. 传统文化在弘扬民族精神方面的实践取得了显著成就

通过各种活动，如庆祝传统节日、开展民族文化交流等，让民族精神得到传承和弘扬。例如，春节、端午节等传统节日的庆祝活动，使人们更加了解和认同民族文化的独特性和价值。

5. 传统文化在加强国际交流方面的实践也取得了显著成就

通过与其他国家和地区的文化交流，促进优秀传统文化的传播和影响，同时吸收和借鉴其他国家和地区的优秀文化，丰富和发展自身文化。例如，孔子学院在全球的设立，使中华文化得到了更广泛的传播和影响。

总之，国内转型期传统文化传承的实践和成就离不开政府和各界人士的共同努力，也离不开现代社会的发展和变革。未来，我们将继续努力，传承和发展传统文化，使之在现代社会中焕发出新的活力和价值。

四、国内传承优秀传统文化的实例

中华民族有着悠久的历史和丰富的文化传统，这些文化传统在现代社会中仍然得到了广泛的传承和发扬。其中一个典型的例子就是中国传统节日的庆祝活动。春节是中国最重要的传统节日之一，也是最具代表性的节日。春节有着悠久的历史，可以追溯到几千年前。在春节期间，人们会举行各种庆祝活动，如贴春联、放鞭炮、舞龙舞狮、拜年等。这些活动不仅有助于加强家庭成员之间的感情，还能增强社区之间的凝聚力。此外，春节也是人们传承和弘扬中华文化的重要时刻，人们会通过讲述传统故事、唱传统歌曲、表演传统舞蹈等方式来传承和弘扬中华文化。除了春节外，我国还有许多其他重要的传统节日，如中秋节、端午节、清明节等。这些节日都有着独特的庆祝方式和传统习俗，是中华传统文化的重要组成部分。在我国，许多学校和社区也会组织各种活动来庆祝这些传统节日，如举办文艺演出、举行传统手工艺制作活动等。这些活动不仅有助于传承和弘扬中华传统文化，还能增强人们对传统文化的认同感和自豪感。除了传统节日之外，还有许多其他的传统文化，如书法、绘画、剪纸、戏曲等，这些传统艺术形式在中国历史上有着悠久的历史，是中华传统文化的重要组成部分。在现代社会中，许多学校和社区也会开设各种课程和活动来教授和传承这些传统艺术形式。这些课程和活动不仅有助于传承和弘扬中华传统文化，还能培养人们的审美情趣和创造力。总之，中华民族有着丰富多样的传统文化，这些文化在现代社会中得到了广泛的传承和发扬。通过庆祝传统节日、教授传统艺术形式等方式，人们不仅能够传承和弘扬中华传统文化，还能增强对传统文化的认同感和自豪感。这些传统文化的传承和发扬不仅有助于维护中国传统文化的多样性，还能为中国的未来发展提供宝贵的文化资源和精神支撑。

第二节　中华优秀传统文化当代传承方式的建构

优秀传统文化转型的路径选择是一个关系到文化传承和发展的重要问题。在全球化和现代化的背景下，优秀传统文化面临着前所未有的挑战和冲击，如何在保持传统特色的基础上实现创新和发展，成为了一个关键问题。一方面，优秀传统文化需要适应现代社会的需求，通过创新和转型，在现代社会中焕发出新的活力和价值。另一方面，优秀传统文化也需要保持其独特的传统特色和价值，不能完全被现代文化和西方文化所同化。然而，如何平衡传统与现代、本土与外来文化的关系，如何实现优秀传统文化的创新和发展，是一个复杂而困难的问题。优秀传统文化转型的路径选择需要综合考虑文化自身的特点、现代社会的需求及全球化背景下的文化发展趋势。只有通过深入研究和积极探索，才能找到适合优秀传统文化转型的最佳路径，使其在现代社会中得到更好的传承和发展。

一、实现优秀传统文化创造性转化的方式

1. 通过文化比较拓宽优秀传统文化的视野

文化比较是人类不断完善自身的一种重要方式和手段，也是推动个体全面发展的重要途径。文化的多样性和开放性决定了进行文化比较的必要

性。首先，世界各民族文化的独特发展路径构成了全球文化的多样性，这种多样性是人类社会发展历史上长久存在的特征。经济学家斯蒂芬·玛格林指出，文化多样性可能是人类生存的关键因素。因此，将本民族优秀文化置于全球多样文化的背景中进行比较，才能发挥优势、弥补不足。其次，开放性是文化发展不可或缺的规律，只有开放才能进行比较，才能借鉴汲取其他国家优秀文化和文明成就，促进全球各民族文化的共同繁荣和进步。文化比较本身也是文化创新的过程，通过比较，激发人们对文化的自我认知，深入思考和分析不同文化的特征和形式，反思本身文化的不足，并进行新的构建。成中英教授指出，比较本身就是一种创造性的整体过程。比较的实质在于双方进行对话，从而相互理解和互动。语言之间的比较能够促进各种语言的丰富与发展。因此，文化比较肩负着引领社会变革和推动文化进步的重要使命。通过文化比较，我们能够发现文化发展的规律，开拓新的文化方向，并为文化建设提供理论支持。成中英还强调我们不仅要深入了解中国的历史文化，还应该开放视野，理解世界各民族的历史文化，去其糟粕取其精华，汲取启发，为自身所用。事实上，中华民族早就开始重视与其他民族文化的交流与比较。例如，丝绸之路作为历史上东西方经济交流的重要通道，更是文化交流的桥梁。中华民族的四大发明也通过这一通道传播到世界各地，对西方文化的发展产生了深远影响。然而，自从鸦片战争以来，我们在如何处理与西方文化的关系中付出了沉重代价。从盲目西学到全盘西化，这些历史经验给我们留下了深刻教训。我们应当深刻理解，文化多样性是不可避免的现实，只有正视文化差异，才能决定拒绝或接纳。历史已经证明，只有在多元文化的环境中，才能承认文化的多样性与丰富性，在文化的差异中建立起信任与包容的基础，寻找建立文化交流对话的桥梁。只有如此，我们才能在文化比较中，集中关注和发扬中华优秀传统文化的特质，同时探索并挖掘其他民族文化的优良之处，在全球范围内与其他不同民族的优秀文化开展交流与合作。

在 21 世纪的全球化背景下，不同文化的交汇与融合成为显著特征。文化发展的趋势需要在全球视野下统一普遍性与多样性，中华优秀传统文化的演进必须融入全球文化的大背景。这意味着我们必须开放心怀，广泛比较世界各民族的文化，分析并比较它们的相似与差异，寻找共同特质与各自的特色。我们应当剔除不良因素，保存优秀之处，提炼出合理的元素，特别是代表先进文化前进方向的元素。例如，在西方文化中，人们强调对自然的主观能动性、科学理性、实证主义，以及对人类价值理性的探求……通过科学分析各民族文化，我们能够充分利用、发掘代表先进文化发展方向的元素，保留优势，弃伪取精，将其融入中国传统文化体系之中。这样，中华优秀传统文化才能成为真正先进的文化，最终在多元繁荣的世界文化中占据一席之地。

2.通过文化采借不断丰富优秀传统文化的内核

文化采借是指在文化发展过程中，人们有意或无意地根据自身的价值观和判断，选择并吸收特定的文化元素的行为，这种现象普遍存在于各种文化之中。不同于简单地模仿和复制，采借者会通过文化比较的方式，根据特定的选择原则，有针对性地选择和吸收文化元素。因此，文化采借并非简单的复制行为，也不仅仅是在同一层面上的交流。通常情况下，相对落后的社会更倾向于从相对发达的社会中借鉴优秀的文化元素，同等发展水平的社会也会相互吸收彼此的文化成果。而发达社会向落后社会采借文化元素的情况相对较少见。

文化采借并非无序的随意选择，而是基于特定的价值标准进行的。其中，主要依据是文化素材的使用价值。具有更高使用价值的文化元素，更有可能被采纳；反之则难以被引入。此外，文化采借还需符合本民族的文化模式。只有与本民族的文化模式相近或相似，采借才更容易发生；而与本土文化相抵触或差异较大的则不太可能被接受。此外，文化采借还需符合民族的心理特性。各民族具有独特的心理特质，如保守稳重、积极进取、温文尔雅或粗犷豪放等。

同时，不同类型的文化采借可能导致不同的结果。黄淑聘教授认为，不同民族文化的交流可以导致文化替代、附加、整合、创新、丧失或抗拒等不同的文化现象。总体而言，文化采借是不同民族文化相互交流和整合的方式。从全球范围来看，人类的进步正是通过相互学习、相互吸收和相互借鉴实现的。中华民族自古以来便是一个包容并蓄、兼收并蓄的民族。在漫长的历史进程中，我们不断吸纳外来文化的精华，将其融入本民族的发展之中，从而形成了中华传统文化的民族特色。如今，西方现代文化的影响不断冲击着国人的内心世界。因此，在构建当代文化时，我们可以利用两种主要的思想文化资源：一是经过深入解析的优秀传统文化，二是在全球化视野下广泛流行的西方现代文化资源。这两种文化资源代表了古往今来、中西合璧的理论与实践发展的广阔空间。

在当今世界，西方国家已经深入发展了现代工业文明的文化模式，以现代性为核心，包括理性、契约精神、主体性和创新。我们应当学习借鉴西方现代工业文明中的优秀成果，汲取其自由、人权、平等、民主和法治等重要理念，丰富我们自己以理性为基础的文化模式。

3. 进行文化整合，构建特色新文化体系

目前，我们采借的文化资源，仍停留在碎片化或片段化阶段，亟须系统整合，以构建新的文化体系。要使理论深入人心，就需其全面彻底。核心在于创新地整合传统文化，只有这样，中华优秀传统文化才能与时俱进，服务于国家发展的需要。文化整合意味着将多种文化元素有效结合，形成内在有机联系的整体。这一过程要求文化系统内各要素在各层次上有机合理地融合，以达到最佳协同状态。在文化整合的过程中，关键在于如何结合各文化要素。是实现多元功能互补与平等关系，还是在主导与从属中实现多元互融？这些问题直接影响文化的性质与发展方向。不同的文化主体对待这些问题的态度和方法各异。回顾中国近现代文化发展，传统文化与西方文化的融合仍相对狭窄，以主从关系为主，即将主体文化设定为主导，从属文化则顺应主体的需求，以此调和两者关系。因此，历史上出现了"中体西用""西体中用""中西互为体用"等多种文化模式，这是一种以单一文化主导的主从关系模式的实际文化整合。这种模式在文化建设中面临诸多挑战。例如，将中国传统文化视为核心，而将西方现代文化作为应用，导致了道德伦理与科学理性主义之间的不兼容。因此，必须建立在多元功能互补平等的基础上，以创新的方式整合不同文化结构，以支持人的全面自由发展和文化主体的本质需求。在这种多元文化整合模式下，我们需要根据中国的实际国情，系统整合中华优秀传统文化和西方先进的现代文化资源，创造出既彰显中华民族特色又符合时代精神的先进文化体系。

在探讨人类社会最终发展目标时，人文主义关怀提供了一个融合的途径。西方从文艺复兴时期开始，以人文关怀和人文主义为核心，充分肯定了人类存在的合理性和积极性，批判了神权主义，并促成了启蒙时代思想家将这些理念转化为社会制度层面的实践，如民主、自由及人权的全面保护等。至今，肯定人类存在、关注人的价值和重视人的发展，依然是西方社会的共同思想基础。

中华优秀传统文化同样弥漫着各种人文关怀。"民为邦本""以民为本"的理念是中国历代思想家所追求的政治理想。无论是"皇天无亲，惟德是辅；民心无常，惟惠之怀"的主张，还是"仁者爱人"的思想，都表达了中国传统文化对人类存在和价值的肯定，以及对人民的重视。虽然这些思想和主张主要源自统治层面，强调集体对个体的约束和担当，但在近代，受西方思想影响，一些学者精英提出了肯定个体权利和价值的理论，如康有为的"君民同体说"和严复的"斯民也，固斯大下之真主也"，这些思想不断赋予传统文化新的内涵与价值。

二、进行传统文化再解释，不断增强文化自信

1.提升传承主体的文化自觉性，发挥传承主体的作用

提升广大民众文化自觉性的关键有三个方面：

第一，进行文化反思。我们需要将传统文化置于现代社会转型的背景下，通过现代与传统的对比，思考哪种文化能够推动人类历史的进步，以及文化在人类进化过程中的作用。只有通过这样的反思，人们才能自觉地承担起文化传承与建设的重任，意识到文化的深远影响，从而形成文化自觉。

第二，需要不断推广优秀传统文化，使更多人了解和认同中华优秀传统文化的内涵。认知与认同是人们接受文化的基础和起点，只有深入了解，才能真正信服。对于普通民众来说，他们缺乏文化自觉和主动性，只有在认同文化价值后，才能自觉地实践文化的规范与价值，逐渐形成根深蒂固的生活理念和价值取向，从而保证文化的传承与延续。

第三，要使优秀传统文化成为广大群众普遍认同的思想观念和态度，需要先使人们全面、科学、准确地理解优秀传统文化的核心内容和精神实质，确保人们能够在思想上深刻接受并内化这些文化价值观念。通过将中华优秀传统文化简化、精炼并用生活化的语言表达出来，可以增强其说服力，更好地被人们接受和理解。同时，需要重视学者精英的作用。张君劢指出，文化的生存与否，不仅是文字和礼仪的存在与否，还要看其是否有活力。文化活力的表现，主要体现在社会信仰的实践者身上。学者精英是传承优秀传统文化的核心力量，他们在文化的创造、诠释和传承中起着重要作用，是塑造公民文化和促进文化自觉的关键推动者。中华优秀传统文化经过几代学者精英的不断总结和提炼，通过对思想的深入探讨和完善，以及将精英文化与公民文化有机结合，在全社会范围内形成公民理性的思维方式，使优秀传统文化成为全社会共同的文化自觉。因此，通过学者精英对传统文化的热情与自信对文化的重新诠释与传播，实现传统文化的创新转化，增进广大民众对其的

认同，方能达成创新性的传承。同时，急需重视并提升青少年对中华优秀传统文化的认同。在全球化的冲击下，各民族间距离缩短，各种外来文化汇聚而来，既有西方现代先进文化带来的正面影响，也有一些敌对垃圾和落后文化的影响。这些文化在青少年中受到不同程度的欢迎，导致一些青少年开始忽视本民族优秀传统文化，不再接受本民族的历史文化，甚至排斥和蔑视。因此，我们需要加强青少年的传统文化教育和传承工作，普及优秀传统文化内容，增进他们对优秀传统文化的了解和认同，使他们在学习传统文化的过程中，培养文化认同感，提升文化自信心和自尊心，自觉承担起传承优秀传统文化的责任。

2. 以文化认同为基础，不断增强人们的文化自觉性

文化认同是人们对自己所属文化的认同感和自豪感，是文化传承和发展的基础。在现代社会，文化认同的重要性日益凸显，越来越多的国家和地区开始重视文化自觉性的培养。文化自觉性是指人们对自身文化传统、文化特色和文化价值的认识和理解，以及对文化传承和发展的责任感和使命感。文化自觉性的培养有助于增强人们的文化认同，促进文化的传承和发展。不断增强人们的文化自觉性，需要从多个方面入手。

加强对文化传统的挖掘和研究。每个地区都有自己独特的文化传统，这些传统是养成文化自觉性的基础。通过挖掘和研究文化传统，可以更好地理解文化的内涵和价值，从而增强人们的文化认同。

加强对文化特色的保护和传承。每个地区都有自己独特的文化特色，这些特色是文化自觉性的体现。通过保护和传承文化特色，可以更好地展示文化的多样性和魅力，从而增强人们的文化自豪感。

加强对文化价值的传播和弘扬。每种文化都有自己独特的价值观念，这些价值观念是文化自觉性的核心。通过传播和弘扬文化价值，可以更好地塑造居民的文化品格和人文素养，从而增强居民的文化自觉性。

加强文化教育和交流。文化教育是培养人们文化自觉性的重要途径，通

过文化教育，可以增强人们对文化的认识和了解，提高人们的文化素养和审美水平。文化交流是促进文化自觉性的重要手段，通过文化交流，可以增进人们对其他文化的了解和尊重，拓展人们的文化视野和思维方式。

加强文化产业的发展和文化市场的建设。文化产业是文化自觉性的重要支撑，通过发展文化产业，可以提供更多的文化产品和服务，满足人们的文化需求和精神追求。文化市场是文化自觉性的重要平台，通过建设文化市场，可以促进文化产品的交流和流通，激发文化创造力和创新力。

加强文化政策的制定和实施。文化政策是文化自觉性的重要保障，通过制定和实施文化政策，可以为文化传承和发展提供良好的环境和条件，引导人们积极参与文化建设和创造。

加强文化组织和队伍建设。文化组织是文化自觉性的重要载体，通过加强文化组织建设，可以凝聚更多的文化力量和智慧，推动文化传承和发展。文化队伍是文化自觉性的重要主体，通过加强文化队伍建设，可以培养更多的文化人才和精英，提升文化传承和发展的水平和质量。

3.重视传承文化组织的建设，发挥带头作用

传承文化组织的建设在现代社会中具有重要意义，它们是文化传承和发展的基石，发挥着至关重要的作用。为了实现这一目标，我们需要采取一系列措施，包括加强文化组织的建设、发挥带头作用、提升文化传承和发展的水平等。

加强文化组织的建设。文化组织是文化传承和发展的载体，它们在文化领域具有广泛的联系和资源，能够凝聚各方面的力量，推动文化传承和发展。为了加强文化组织的建设，我们需要从多个方面入手，包括加强文化组织的内部管理、提升文化组织的服务水平、拓展文化组织的业务范围等。

发挥文化组织的带头作用。文化组织在文化传承和发展中具有示范和引领作用，能够带动更多的人们参与文化建设和创造。为了发挥文化组织的带头作用，我们需要从多个方面入手，包括加强文化组织的宣传和推广、提升

文化组织的影响力和知名度、推动文化组织的创新和发展等。

提升文化传承和发展的水平。文化传承和发展的水平是衡量一个国家或地区文化实力的重要指标，也是提升人们文化自觉性的关键。为了提升文化传承和发展的水平，我们需要从多个方面入手，包括加强文化教育和培训、推动文化创新和创造、保护和传承文化遗产等。

加强文化政策制定和实施。文化政策是文化传承和发展的保障，它能够为文化组织提供良好的发展环境和条件，引导文化组织积极参与文化建设和创造。为了加强文化政策制定和实施，我们需要从多个方面入手，包括完善文化政策体系、加强文化政策宣传和解读、推动文化政策落地和实施等。

加强文化队伍建设。文化队伍是文化传承和发展的主体，他们具有丰富的文化知识和技能，能够为文化传承和发展提供有力的人才支持。为了加强文化队伍建设，我们需要从多方面入手，包括加强文化人才培养和选拔、提升文化队伍的专业素养和创新能力、激发文化队伍的积极性和创造力等。

加强文化交流与合作。文化交流与合作是文化传承和发展的重要途径，它能够促进不同文化之间的相互了解和尊重，推动文化的多样性。为了加强文化交流与合作，我们需要从多方面入手，包括加强文化对外交流与合作、推动文化跨界融合和创新、搭建文化交流与合作平台等。

三、丰富传统文化的传承方式

1.发挥教育的基础性作用，提升优秀传统文化的认可度

教育在传承优秀传统文化过程中一直扮演着关键角色。历史证明，学校教育作为一种载体，不仅是传承和发展中华传统文化的基础和先导，而且是无可替代的。人类是文化的缔造者，也是优秀传统文化的传承对象。如果优秀传统文化不能在广大民众中获得认同，不能成为人们心灵深处最稳固的精神支柱和行为动力，那么其传承便失去了意义。因此，唯有让优秀传统文化在每一个中华儿女的心中根深蒂固，成为每个人内心自觉的行为准则，才是

其传承的要义。教育是实现这一目标的核心途径，因其具备综合性、阶段性、长期性、渐进性和全面性的特征。教育不仅是简单的知识记忆，还通过启发和引导实现个体从自然状态向理性状态的进化，培养其创造力和创新力，这是现代人的核心特质。只有经过教育的人才能深刻认同中华文化，才能真正肩负起传承优秀传统文化的责任，促进中华民族的伟大复兴。当前，中国在推广优秀传统文化教育方面仍面临显著挑战：全社会尚未形成普遍强化优秀传统文化教育的共识和氛围；对中华优秀传统文化的认知和理解仍显分散；传统文化教育的内容安排和设计缺乏系统性和整体性；教育过程过于侧重于知识传授，而对文化精神的实质和文化结构的解析不够深入；传统文化课程设置和教材编写的系统性亟待完善；从事传统文化教育的教师队伍整体水平有待提高；全社会参与教育的合力亟须增强等。我们必须坚持以立德树人为根本任务，以人的全面自由发展为最终目标。在教育过程中，我们要以优秀传统文化中的仁爱精神为主线，注重自然科学知识和传统人文知识的有机融合与和谐统一，持续培养学生科学理性思维和人文关怀能力。

我们要积极探索青少年成长成才的规律，深入了解青少年群体的心理趋势和需求，寻找与传统文化教育相契合的点。同时，注重加强基础教育与高等教育的衔接与联系，精心设计有针对性的优秀传统文化教育，实现因材施教、多层次教育的有机统一。

我们还要不断丰富和发展哲学社会科学，以此为基础，为优秀传统文化教育提供坚实的学科背景和理论支持。同时，将优秀传统文化与公民理性思维培养和公民社会建设相结合，推动社会伦理道德的全面实施，为建设良好的公民社会奠定基础。

在传统文化教育教学改革方面，我们应加强传统文化课程体系的系统设计，制定优秀传统文化课程标准，编写具有针对性和系统性的教材，推广大众化的优秀传统文化读物，还要改革和创新优秀传统文化的教学方法，鼓励教师运用现代数字化媒体技术，提升传统文化教育的效果和吸引力。

我们要加强对传统文化教师队伍的培训，打造一支素质高、专业强的师资队伍。通过充分利用青年学生的特点，组织多样化的传统文化活动，营造浓厚的传统文化氛围。

最后，我们还要加大对民族语言文字的保护力度，推广汉语在全球范围内的普及。通过各种努力，最终实现优秀传统文化的传承与发展。

2. 开发和完善媒介的传承方式

长久以来，中国文化的传承主要依靠口口相传和身教，这是一种面对面直接交流的方式。随着文字和知识的普及，书籍、报纸、杂志、传单等纸质媒介逐渐成为文化传承的重要途径，但口头传承和行为传承并未消失。北京师范大学教授周星曾指出，传承大多在日常生活中反复实践，或以口传心，或借助文字、教育以及其他形式，代代相传。随着科技的迅猛发展，视频、图像、影像等电子媒介逐渐取代了纸质媒介，如报纸和书籍。现代传媒的兴起打破了时空限制，消除了时间与空间的隔阂，使文化传承变得更为广泛和自由。在传承过程中，知识性与娱乐性不断增强，创造力、冲击力、传播力和感染力得到了充分展现。例如，许多电视节目介绍了各地的民俗文化，吸引了大量游客的同时也传播了文化。因此，电子媒介传承正在成为当代文化传承的主导方式，广泛影响着人们的生活与创造力。在新的社会格局中，每个人都不再是被动地接收信息的对象，而是成为了网络传播中重要的信息选择者、内容创造者和传播者。利用电子媒介进行文化传承已成为当今主要的途径和手段，逐渐取代了传统的传承方式。越来越多的人认识到，了解传统文化不再依赖于口口相传或纸质媒体，而是通过电子媒体。电子媒体已经深入大众生活的各个角落，使人们随时随地都能接触到文化信息。在电子媒介的框架下，广告、电影、电视、网络等传播方式让我们感受到传统文化的无限魅力。因此，我们要重视电子媒介在文化传承中的作用，不断发展和提升科技能力，充分利用现代数字化多媒体技术，深入挖掘和创造更多受人喜爱的优秀传统文化作品。有关部门首先应当全面关注和支持利用数字媒体技术创新发展优秀传统文化，在行政管理、政策法规、制度保障及管理优化等多个方面提供支持。积极推动对中国古代文化经典资源的数字化开发工作，并积极推进国家非物质文化遗产的数字化保护工作。政府还需积极培育和促进中华优秀传统文化创意产业的创新发展。同时，持续探索利用电子媒介传承传统文化的新途径和新方法，并借鉴西方一些发达国家利用电子媒体技术传承优秀传统文化的成功经验和方法。

3.发挥文化场馆的传承作用

文化场馆是传统文化传承的重要场所，为人们提供了一个实实在在的、具体的、亲身体验的平台。在这里，人们可以与传统文化互动，感受其魅力并且产生共鸣。文化场馆不仅是展示传统文化精髓的空间，更是展品、参观者以及社会文化相互交流的重要学习场所。这些场馆以其广泛的覆盖面、简洁明了的内容展示、浓厚的历史氛围和独特的展示方式，深深影响着人们的心灵。

建设文化场馆或传统文化体验馆不仅为艺术家们提供了展示才华的平台，也为文化的传承提供了广阔的舞台。这些场所有助于激发人们对优秀传统文化的兴趣，促进了其积极传承。此外，文化场馆还为年轻人提供了实习和就业的机会，使他们能够深入参与优秀传统文化的传播和发扬。因此，我们需要高度重视文化场馆在传承优秀传统文化中的作用，积极探索并制定充分利用这些场所进行文化传承的方案和制度。

第一，应积极增加文化场馆的数量。政府需要增强对文化场馆建设的支持力度，促进和支持民间文化场馆的建设。

第二，科学规划，明确主题，全面加强文化场馆的内涵建设。根据不同功能和主题设计文化场馆，持续提升其内涵、特色和吸引力，提高文化传承的效率和影响力，使人们自发接受传统文化的熏陶。

第三，推行鼓励多元投入的建设投入政策。实施"政府主导、社会广泛参与、筹资多元"的建设投入机制，确保文化场馆建设的资金保障，并实行免费开放政策，充分结合公益性和市场需求。

第四，在文化场馆建设中实现城乡统筹、侧重有所不同的和谐统一。在城市中重视建设具有标志性的高规格、高品位文化场馆，增强城市在文化传承中的影响力和竞争力，成为优秀传统文化的重要承载地。同时，考虑乡村群众对传统文化的需求，加强农村文化场馆建设，重点打造反映中国传统文化优美风俗的场所。此外，积极与学校、科研院所、社区家庭及其他机构合作，使文化场馆融入社会生活。

第五，政府需根据文化场馆特点，持续提升管理效率，健全管理制度，确保文化场馆健康稳定运行。

四、加强文化传承的制度建设，构建完善的传承保障体系

1. 为优秀传统文化传承提供法律保障

加强法律保障，确保优秀传统文化得以传承，是中国现代法治国家建设的关键内容之一。法律对优秀传统文化传承的支持，充分体现了国家对人民文化权利的法律保护。如果缺乏完善的法律保障和良好的制度环境，传统文化的传承将面临无所依托、流散失落的风险。制定相应的法律制度来规范和保护优秀传统文化的传承，特别是建立健全的知识产权法律体系，对于传承体系的发展具有重要意义。强化传统文化传承的法律法规建设，能够制定具体的传承措施，明确文化市场主体和传承者之间的权利与义务，通过清晰界定范围和责任，确保优秀传统文化的传承顺利进行。这不仅有助于文化主体在生产和活动中的合法性和合理性，还有助于形成良好秩序，减少内外部的文化纠纷和竞争，规范市场行为，最终实现文化资源的合理配置。优秀传统文化在法律框架内有序、规范地传承，从而促进文化的持续繁荣和发展。

多年来，我国尽管已经建立了一系列法律制度以保护优秀传统文化的传承，但与我国文化的丰富性及其他国家对其的有益借鉴相比，仍存在许多不足之处。例如，在优秀传统文化传承方面的立法仍有很大的不足，许多传承

领域法律保护呈现空白，部分领域的法律保护水平也较低，难以形成有效的法律保障体系。优秀传统文化传承的法律保护，直接关系到能否形成长效机制，以及国家文化建设能否得到法律制度层面的有效支持。因此，我们需要采取以下措施来加强对优秀传统文化的保护和传承。

首先，系统整理和总结优秀传统文化，明确需要法律保护的内容，尽快建立相关法律制度，涵盖文化传承、民间艺术保护及优秀思想的传承。建立完善的法律保障体系，详细界定和区分优秀传统文化的内容，划分传承体系的职能，并明确各项制度的落实和责任。在立法过程中，应充分尊重文化传承主体的意见，实行立法咨询制度，解决文化传承立法中的难点和重点问题，加强对中华优秀传统文化中的法律保护。

其次，要进一步明确传承主体与客体在法律上的权利与义务关系。根据对象目标原则，传承主体和客体分别是传统文化传承的承载者和接受者，建立现代传承体系保护文化遗产的拥有者和传承人。通过立法明确传承主体与客体在传承过程中的责任和权利，保障其在法律上的地位和权益。

最后，要建立政府和民间在文化传承中协调统一的法律保护机制。文化传承不仅是政府的责任，也需要全社会共同参与，特别是民间力量的积极参与。在法律上明确政府在文化传承中的角色和责任，包括文化安全、政策制定、资金筹措和文化保护等方面；同时，调动民间各方力量的积极性，鼓励广泛参与，使文化传承成为全社会的共识和行动。通过法律的鼓励和规范，保证优秀传统文化传播的有效性和广泛性，防范外部文化对其的负面影响，保障国家文化的安全和传统文化的国际传播，为世界各国文化交流与合作创造和谐的氛围。

2.建立和完善优秀传统文化的道德制约机制

在优秀传统文化的传承过程中，仅靠法律和制度等硬性手段是不够的。我们还需重视民间力量在民俗风情、乡土规约及社会舆论方面的约束作用，这些民间道德力量与法律制度共同保障和促进中华优秀传统文化的传承与发展。正如朱苏力先生所言，社会生活的秩序不应完全依赖于国家的法律体系……习惯、道德、传统等始终是社会秩序和法治的重要组成部分，不可或缺。没有社会的传统秩序和非正式制度的支持，正式法律体系也难以建立坚实的基础，缺乏相应的配套措施。道德即是良知与行为的统一，它在规范社会文化秩序方面体现出两种基本形态，即道德自律和道德他律。

道德自律是指个体根据内心深处的道德准则进行自省、审视、比较、批评、改进及提升的过程，这种行为不受外部因素的影响。相比之下，道德他律则指由代际传承和历史积淀形成的社会习俗、公众普遍规范及家庭传统等不以个人意志为转移的规范体系。道德他律机制则是指利用这些社会客观存在的约定俗成、社会舆论等手段对个体进行约束和规范的运作方式。举例来说，包括道德教导、社会监督、舆论评价及家族传统教育等，都是确保机制运行稳定的关键组成部分。

道德他律机制是确保道德在社会中发挥重要影响和作用的外部强化机制，对于个体道德自我塑造至关重要。在传统文化的传承过程中，道德自律主要通过教育和文化自觉来实现。在这一传承的保障体系中，道德他律起到了关键作用，有助于确保传承方向的稳定。这是因为在文化传承中，传承者的主观能动性决定了传承的方向、动力和性质。优秀传统文化的传承和保护是社会管理的一部分，而道德他律则是规范传承者，有序推动各类社会活动的有效方式。因此，只有传承者充分发挥自身的理性，主动认识到道德规范的重要性，通过社会舆论和道德榜样的引领，将全社会大多数成员共同认可的行为准则内化为个人的自律标准，并自觉地实践，优秀传统文化才能持续不断地传承下去。

通过社会舆论引导和规范人们的行为、创造良好的文化传承环境至关重要。社会舆论是公众对某一社会现象、事件或问题所表达的普遍意见、态度和情绪的总和，是公众沟通共识的体现和集体意识的反映，折射出人们的价值观、道德水准及知识水平等各个方面。社会舆论充分展现了道德引导的功能和正能量。要传承优秀传统文化，建设社会主义先进文化，必须依靠社会舆论的强大压力来引导和规范人们的思想和行为变化。当社会舆论形成强烈的道德约束力时，不符合传统文化传承规范的行为，以及违背社会传统道德规则的个体往往会面临家庭和社会的共同谴责和规范。在社会舆论的推动下，人们通常会调整自己的言行，以获得社会认同。例如，在传承优秀传统文化的过程中，如果有人故意扭曲其内容，阻碍文化遗产的保护与建设，或影响优秀传统文化在国际上的传播，社会舆论的力量就应充分发挥，将这些破坏行为暴露于公众视野之下，让其承受全社会的批评，这也有助于在整个社会形成正确的伦理和价值取向。通过社会舆论的引导和规范，建立有利于文化传承和社会发展的道德框架，促进社会的和谐与进步。

3. 开展多元化的文化交流与合作，提升国际竞争力

文化软实力是国家综合国力的重要组成部分，集中体现了一个国家基于文化而产生的凝聚力、吸引力和影响力。习近平总书记指出，要不断提升国家文化软实力和中华文化影响力，这为我们不断加强建设新时代中国特色社会主义文化提供了根本指引。

改革开放以来，中国推进对外开放，实施市场经济政策，在经济、社会、政治和文化等方面取得了巨大成就。中华民族逐步在世界东方崛起，全球目光聚焦于中国。因此，在当今时代，中华优秀传统文化的传承面临着前所未有的重大机遇。加大力度促进中华优秀传统文化的传播与交流，积极推广和发展中华优秀传统文化，是当前非常紧迫的任务。

第一，应根据当前的国家情况制定中华优秀传统文化的国际推广战略。将促进中华优秀传统文化与全球各民族文化的交流与合作视为实现国家繁荣昌盛的重要组成部分，将振兴民族文化并推广优秀传统文化提升至影响国家命运的高度，纳入国家发展战略之中。明确政府主导下的执行主体，鼓励企业、社会组织及个人积极参与，形成推广中国传统文化的协同力量，展现中国风采，持续提升中华优秀传统文化的感染力、辐射力和影响力。

第二，建设多元化的文化对外交流平台。文化交流的途径应当多元化，每种传播平台都有其独特的特点和优势。我们需要建立多元化的沟通交流渠道，以丰富中华优秀传统文化在国际舞台上的展示和国外文化在中国的传播途径。党的二十届三中全会决议指出，我们要加快构建中国话语和中国叙事体系，全面提升国际传播效能，建设全球文明倡议践行机制，推动走出去、请进来管理便利化，扩大国际人文交流合作。我们在坚持政府主导推动的基础上，还需进一步重视经济传播文化的渠道，拓展教育交流与合作的机制，加强大众媒体的传播效果，积极推广人际交流，充分调动社会组织和个人的积极性。政府的推动与社会民间组织的配合将形成宽广、多元、全面的对外文化交流合作新格局。

第三，要创新传统文化的传播方式，持续提升中华优秀传统文化的创造力和国际影响力。党的二十届三中全会决议提出，要推进国际传播格局重构，深化主流媒体国际传播机制改革创新，加快构建多渠道、立体式对外传播格局。现代社会，我们要通过杂志、网络、多媒体、新媒体、电影电视等各种传播渠道，以及传统的经济交流和文化合作，有效传播文化信息和产品，提升视觉传播能力。

第四，在当前全球化深入发展的背景下，各国文化交流日益频繁，文化侵蚀问题日益显著。为了保护国家的文化安全，我们需要树立文化保护意识，采取有效措施防止文化的流失和侵蚀。一要增强文化自信。文化自信是一个国家在文化发展过程中坚定信念、自信自强的精神状态。只有树立起强烈的文化自信，才能在文化交流中保持自身文化的独立性，抵制外来不良文化的侵蚀。

为了增强文化自信，我们需要从多个方面入手，包括加强文化教育、传承优秀传统文化、推动文化创新等。二要加强文化立法和管理。文化立法和管理是维护国家文化安全的重要手段。通过健全文化法律法规体系，加强文化市场监管和执法能力，我们能够规范文化活动，有效防止不良文化的传播和侵蚀。三要增强文化教育和传播的力度。文化教育和传播不仅是提升国民文化素养、增强国家文化软实力的重要手段，也是加强国民对本国文化认同感和自豪感、增强抵御外来文化侵蚀能力的关键途径。为了推动文化教育和传播工作，我们需从多方面着手，包括完善文化教育体系、加强文化传播渠道建设、提升文化传播效果等方面。四要加强对外文化交流与合作。对外文化交流与合作不仅是展示国家文化魅力、增进与其他国家友谊与了解的重要方式，更是促进文化多元性、抵御不良文化侵蚀的重要途径。为此，我们应全面推进文化交流与合作机制建设、拓展合作领域、提升合作水平等方面的工作。五要加强文化产业和市场建设的力度。文化产业和文化市场作为国家文化发展的重要支柱，其建设对于提升国家文化竞争力、抵御外来文化侵蚀具有重要意义。为了实现这一目标，我们需要采取多方面的措施：优化文化产业结构，培育文化市场品牌，提升文化产品质量，从而增强其市场竞争力和影响力；加强文化队伍建设，通过加强文化人才的培养和选拔，提高其专业素养和创新能力，激发其积极性和创造力，以有效应对文化侵蚀，推动国家文化的全面发展。

4.积极实施"走出去"战略，推广中华优秀传统文化

"走出去"战略是我国积极参与国际交流与合作的重要举措，也是推广中华优秀传统文化的重要途径。通过实施"走出去"战略，我们可以向世界展示中华优秀传统文化的魅力，增进与其他国家的友谊与了解，促进文化的多样性和繁荣。

第一，加强对外文化交流与合作。推动文化跨界融合和创新、搭建文化交流与合作平台等。

第二，加强对外文化宣传和推广。对外文化宣传和推广是推广中华优秀传统文化的重要途径，通过对外文化宣传和推广，我们可以向世界展示中华优秀传统文化的丰富内涵和独特魅力，提升中国文化的国际影响力。加强对外文化宣传和推广需要从多个方面入手，包括加强对外文化宣传和推广的力

量、拓展对外文化宣传和推广的渠道、提升对外文化宣传和推广的效果等。

第三，加强对外文化贸易和投资。对外文化贸易和投资是推广中华优秀传统文化的重要手段，通过对外文化贸易和投资，我们可以将中华优秀传统文化的产品和服务推向国际市场，提升中国文化的国际竞争力。加强对外文化贸易和投资需要从多个方面入手，包括加强对外文化贸易和投资的政策支持、拓展对外文化贸易和投资的市场空间、提升对外文化贸易和投资的专业水平等。

第四，加强对外文化教育和培训。对外文化教育和培训是推广中华优秀传统文化的重要途径，通过对外文化教育和培训，我们可以向世界传授中华优秀传统文化的知识和技能，培养更多的中国文化爱好者和传播者。加强对外文化教育和培训需要从多个方面入手，包括加强对外文化教育和培训的力量、拓展对外文化教育和培训的渠道、提升对外文化教育和培训的质量等。

第五，加强对外文化研究和创新。对外文化研究和创新是推广中华优秀传统文化的重要手段，通过对外文化研究和创新，我们可以挖掘和传承中华优秀传统文化的精髓，推动中华优秀传统文化的创新发展。加强对外文化研究和创新需要从多个方面入手，包括加强对外文化研究和创新的力量、拓展对外文化研究和创新的领域、提升对外文化研究和创新的水平等。

第六，加强对外文化援助和合作。对外文化援助和合作是推广中华优秀传统文化的重要途径，通过对外文化援助和合作，我们可以帮助其他国家保护和传承他们的文化遗产，促进文化的多样性和繁荣。加强对外文化援助和合作需要从多个方面入手，包括加强对外文化援助和合作的力量、拓展对外文化援助和合作的领域、提升对外文化援助和合作的效果等。

5.加强文化产业发展，推动中华优秀传统文化推广

由于人们的生活方式日益趋向同质化，试图通过文化传播改变他人是一项极具挑战性的任务。因此，我们需要创新文化输出的方式，充分利用市场机制。通过商业化的民间文化传播途径及推广文化产品，来传播我们优秀的

传统文化。我们需在追求经济效益和市场影响力的平衡中积极推进传统文化的产业化和市场化进程，培育健康的文化产业。同时，加快文化体制改革和创新，重新调整文化利益的分配格局，不断激发文化产业的活力和效益，提升传统文化在国际上的竞争力和吸引力。党的十七届六中全会强调了文化体制改革的重要性，提出了需要加强市场在资源配置中的作用，支持民营企业快速发展，调整文化产业和企业的结构，尽快形成一个以公有制企业为核心，多种所有制企业共同发展的文化产业新格局。为了实现这一目标，需采取一系列措施，包括加强文化产业的创新和研发，提升文化产品的质量和多样性，推动文化产业与现代科技的融合，增强文化企业的市场竞争力，加强文化市场的监管和服务，优化文化产业的政策环境，加强文化人才的培养和引进，促进文化产业与其他产业的融合发展，拓展文化产业的国内外市场，提升文化产业的国际影响力。通过这些措施，更好地传承和发展中华优秀传统文化，提升文化软实力，推动中华优秀传统文化走向世界舞台。

参考文献

［1］清华大学人文学院中华发展模式研究专项编委会.中华优秀传统文化的弘扬与传承[M].北京：清华大学出版社，2025.

［2］王红艳，张璐，冯晖.中华优秀传统文化的现代化发展研究[M].北京：九州出版社，2025.

［3］任金花.新时代中华优秀传统文化的两创研究[M].北京：中国书籍出版社，2024.

［4］舒坤尧.中华优秀传统文化传承与现代价值研究[M].北京：文化发展出版社，2024.

［5］刘星.中华优秀传统文化传承发展研究[M].北京：中国社会科学出版社，2024.

［6］李晓明.中华优秀传统文化的传承与发展研究[M].北京：文化发展出版社，2024.

［7］王淑贞.中华优秀传统文化传承创新研究[M].北京：知识产权出版社，2024.

［8］赵坤，耿超.赓续文脉 传承发展中华优秀传统文化[M].重庆：重庆出版社，2020.

［9］赵建华.社会主义核心价值观与中华优秀传统文化传承[M].石家庄：河北美术出版社，2016.

［10］闫帅.中华优秀传统文化的传承与创新研究[M].北京：线装书局，2023.

[11] 项健.中华优秀传统文化与传承研究[M].吉林：吉林出版集团股份有限公司，2022.

[12] 李贵卿.互联网时代中华优秀传统文化的传承与创新研究[M].成都：四川大学出版社，2023.

[13] 刘恋.文化自信视域下中华优秀传统文化的传承与发展[M].长沙：湖南师范大学出版社，2021.

[14] 段超.中华优秀传统文化传承体系研究[M].北京：中国社会科学出版社，2022.

[15] 张文珍.中华优秀传统文化传承创新的动力机制研究[M].北京：人民出版社，2023.

[16] 王敏，陈捷，张建云.中华优秀传统文化的传承发展研究[M].长春：吉林文史出版社，2024.

[17] 罗琴棋，李雨薇，许盛瑜.中华优秀传统文化的传承与发展研究[M].北京：中国纺织出社有限公司，2024.

[18] 马宁.中华优秀传统文化的传承与创新[M].青岛：中国海洋大学出版社，2023.

[19] 郑康.中华优秀传统文化的当代价值与传承路径[M].杭州：浙江工商大学出版社，2024.

[20] 陈淑娟.中华优秀传统文化的当代认识与传承初探[M].北京：中国社会科学出版社，2024.

[21] 钱莹，钱青青.新时代中华优秀传统文化的传承与发展[M].长春：吉林大学出版社，2023.

[22] 唐明燕.望道书库.中华优秀传统文化的传承与发展[M].中华书局有限公司，2022.

[23] 邹佩佚.中华优秀传统文化传承及现代性转化研究[M].长春：吉林科学技术出版社，2018.

[24] 沈晓奎.文化自信视角下中华优秀传统文化的传承和创新性发展研究[M].北京：群言出版社，2024.

[25] 赵娟.传承和弘扬中华优秀传统文化[M].北京：中华工商联合出版社，2019.

[26] 梁漱溟.中国文化要义[M].上海：上海人民出版社，2011.

[27] 胡适.中国文化的反省[M].上海：华东师范大学出版社，2013.

[28] 陈序经.中国文化的出路[M].北京：中国人民大学出版社，2004.

[29] 陈序经.东西文化观[M].北京：中国人民大学出版社，2004.

[30] 汤一介.新轴心时代与中国文化的建构[M].南昌：江西人民出版社，2007.

[31] 唐君毅.中国文化之精神价值[M].桂林：广西师范大学出版社，2005.

[32] 唐君毅.中国人文精神之发展[M].桂林：广西师范大学出版社，2005.

[33] 唐君毅.人文精神之重建[M].桂林：广西师范大学出版社，2005.

[34] 葛兆光.古代中国文化讲义[M].上海：复旦大学出版社，2014.

[35] 衣俊卿.文化哲学十五讲[M].北京：北京大学出版社，2000.

[36] 陈胜云.文化哲学的当代发展[M].南昌：江西人民出版社，2007.

[37] 龚鹏程.中国传统文化十五讲[M].北京：北京大学出版社，2006.

[38] 方克立.现代新儒学与中国现代化[M].天津：天津人民出版社，1997.

[39] 张岱年，方克立.中国文化概论[M].北京：北京师范大学出版社，2004.

[40] 庞朴.中国文化十一讲[M].北京：中华书局，2008.

[41] 何兆武.中西文化交流史[M].北京：中国青年出版社，2001.

[42] 何兆武，柳卸林.中国印象：外国名人论中国文化[M].北京：中

国人民大学出版社，2011.

［43］李宗桂.当代中国文化探讨[M].广州：花城出版社，2011.

［44］李宗桂.中华民族精神概论[M].广州：广东人民出版社，2007.

［45］李宗桂.中国传统人文思想自议[M].广州：《肇庆学院学报》2001.

后 记

近现代以来，中华传统文化面临着转型的困惑及全球化与普世价值带来的巨大冲击，我们要想在21世纪中叶以中国式现代化实现中华民族的伟大复兴，就必然离不开民族文化的蓬勃兴盛，这是国家富强之基，民族强盛之本。基于此，中国共产党正引领全国各族人民以坚定而自信的态度，不断探索、努力实践，勇敢迈向建设社会主义文化强国之路，在当今时代更是将马克思主义基本原理同中华优秀传统文化相结合提升至国家战略的核心地位，实现了又一次伟大的思想解放，顺应了历史的发展和时代的要求。

因此，我们必须在复杂多变的时代背景下，充分挖掘中华优秀传统文化的精髓，结合时代的需求和人民的呼声，发挥民族创造力和想象力，对中华优秀传统文化进行创造性转化、创新性发展，培育具有鲜明中国特色的社会主义先进文化。优秀的传统文化是民族的根基和灵魂，是所有中华儿女共同的文化基因和精神命脉，是孕育社会主义先进文化的沃土。如果我们丢掉了中华优秀传统文化，就意味着抛弃了我们的文化根基，失去了我们共同的精神家园。

保持和传承中华优秀传统文化不是简单的"复古"，而是要理解其精髓，努力挖掘其深厚的内涵，整理其发展历程，探索其中蕴含的优秀理念与精神价值，促进良好社会风气形成，在此基础上，进一步结合时代特点与需求进行创造性转化与创新性传承。历史上各个民族的文化发展充分证明，唯有不断激发文化创新的动力和活力，才能使文化蓬勃发展，为民族的持续进步提供不竭的精神动力。激发民族传统文化的创新力和活力的关键在于，以社会主义先进文化为目标，根据时代特点和文化规律，对传统文化中有价值的内容进行创造性的转化和重组。这种创新性的转化需要通过文化的选择和重新解释，赋予其新的时代内涵和表达形式，从而激发其新的生命力，形成具有现代意义的中国形象、中国思想等。在传承过程中，必须根据新时代的要求，让传统融入现代生活，激发传承者的情感共鸣，调动其传承的积极性，丰富和完善传承方式，构建起有效的传统文化保护体系，同时学习借鉴世界各民族的传承经验，开展文化交流与合作，确保文化的安全，不断汲取外来文明的营养，以丰富和发展中华优秀传统文化。

毫无疑问，如何创新地传承中华优秀传统文化，是一个涉及时间和空间的重要课题。这需要研究者不仅具备深厚的理论功底和高度的学术素养，还需全面客观地理解和掌握中华传统文化的博大精深，同时准确把握时代发展的脉搏。在笔者有限的学术背景和视野下，尽管努力进行了一些有益的探索，但对于宏大的传统文化体系仍显得力不从心。例如，本研究在探讨现代与传统文化关系的发展规律、挖掘传统文化现代价值及总结共产党领导下的文化传承等方面，存在认识和把握不足之处，需要学术界前辈及同仁的指正和批评。

希望本书能够对激发更多人主动承担起中华优秀传统文化的传承热情贡献微薄之力。尽管知识体系和研究能力均有待加强，但怀着对优秀传统文化的喜爱之情，笔者也将继续加强在相关领域的学习和研究，以努力取得更为丰富的成果。